천자문으로 배우는 중국어

유재웅

북트리

천자문으로 배우는 중국어

초판 1쇄 인쇄 2026년 1월 6일
초판 1쇄 발행 2026년 1월 21일

지은이 유재웅
펴낸이 김지홍
디자인 최이서

펴낸곳 도서출판 북트리
주소 서울시 금천구 서부샛길 606 30층
등록 2016년 10월 24일 제2016-000071호
전화 0505-300-3158
팩스 0303-3445-3158
이메일 booktree11@naver.com
홈페이지 www.booktree11.co.kr

정가 15,000원
isbn 979-11-6467-210-3 (13720)

천자문으로 배우는 중국어

유재웅

북트리

머리말

이 책은 천자문을 통하여 중국어를 배우는 데 사용하기 위한 것입니다. 중국어 간체화 하여 4자씩 중국어 발음, 한글 발음화 및 한국어 음독 그리고 간결하게 해석을 붙여 쉽게 중국어 발음을 익히고 암기할 수 있도록 정리하였습니다.

아무쪼록 본 서적이 중국어를 공부하시는 데 도움이 되셨으면 하는 바람입니다.

2025년 10월 25일 서울 노량진에서
주님의 몸 된 사랑의 빛 공동체 교회 성도,
저자 유재웅 올림

목차

01
우주와 자연
宇宙与自然

1. 天地玄黄

· **중국어 병음:** tiān dì xuán huáng

· **병음 한글화:** 티엔 디 쉬안 황

· **한국어 음독:** 천지현황

· **해석 및 배경:** 하늘은 검고 땅은 누르다. 우주 창조 초기의 색깔과 광대한 공간을 묘사합니다. 여기서 '현(玄)'은 심오하고 깊은 검푸른 하늘을, '황(黄)'은 비옥한 노란 흙을 의미하며, 동양적 우주관의 시작을 상징합니다.

2. 宇宙洪荒

· **중국어 병음:** yǔ zhòu hóng huāng

· **병음 한글화:** 위 저우 홍 황

· **한국어 음독:** 우주홍황

· **해석 및 배경:** 우주는 넓고 거칠다. '우(宇)'는 모든 공간을, '주(宙)'는 모든 시간을 나타내며, '홍(洪)'은 거대하고, '황(荒)'은 질서가 잡히지 않은 원시적인 상태를 표현합니다. 이는 시공간을 초월한 우주의 광활함과 미개한 본질을 의미합니다.

3. 日月盈昃

- **중국어 병음:** rì yuè yíng zè
- **병음 한글화:** 르 유에 잉 쩌
- **한국어 음독:** 일월영측
- **해석 및 배경:** 해와 달은 차고 이지러진다. 해(日)와 달(月)이 차오르고(盈) 기울어지는(昃) 자연 현상을 통해 만물의 순환과 변화, 그리고 모든 것이 영원하지 않다는 자연의 이치를 강조합니다.

4. 辰宿列张

- **중국어 병음:** chén xiù liè zhāng
- **병음 한글화:** 천 쉬우 리에 짱
- **한국어 음독:** 진숙열장
- **해석 및 배경:** 별자리들이 하늘에 늘어서 있다. '진(辰)'은 별들을, '숙(宿)'은 28수(星宿) 같은 별자리를 의미합니다. 수많은 별들이 하늘에 질서정연하게 배열된 장엄한 광경을 묘사하며, 우주의 규칙성과 조화를 나타냅니다.

5. 寒来暑往

- **중국어 병음:** hán lái shǔ wǎng
- **병음 한글화:** 한 라이 슈 왕
- **한국어 음독:** 한래서왕
- **해석 및 배경:** 추위가 오고 더위가 간다. 겨울(寒)이 오면 여름(暑)이 가는 것과 같이 계절의 순환을 나타냅니다. 이는 자연의 끊임없는 변화와 시간의 흐름을 상징하며, 만물이 때에 따라 변함을 일깨웁니다.

6. 秋收冬藏

- **중국어 병음:** qiū shōu dōng cáng
- **병음 한글화:** 치우 쇼우 똥 창
- **한국어 음독:** 추수동장
- **해석 및 배경:** 가을에 거두고 겨울에 저장한다. 가을(秋)에는 수확하고(收), 겨울(冬)에는 저장하는(藏) 농경 사회의 지혜를 담고 있습니다. 이는 자연의 섭리에 맞춰 행동하고 미래를 대비하는 삶의 자세를 가르칩니다.

7. 闰余成岁

- **중국어 병음:** rùn yú chéng suì
- **병음 한글화:** 룬 위어 청 쑤이
- **한국어 음독:** 윤여성세
- **해석 및 배경:** 윤달이 모여 해를 이룬다. 태양력과 태음력의 차이로 인해 생기는 여분(余)의 윤달(闰)이 모여 온전한 한 해(岁)를 이루는 원리입니다. 이는 시간의 조율과 고대 역법(曆法)의 지혜를 보여줍니다.

8. 律吕调阳

- **중국어 병음:** lǜ lǚ tiáo yáng
- **병음 한글화:** 뤼 뤼 티아오 양
- **한국어 음독:** 율려조양
- **해석 및 배경:** 율려가 음양을 고르게 한다. '율(律)'은 양의 소리, '려(吕)'는 음의 소리를 의미하며, 12율려를 통해 음양(陰陽)의 기운을 조화롭게 조절하는 것을 뜻합니다. 이는 자연과 음악, 나아가 만물의 균형과 조화를 상징합니다.

9. 云腾致雨

· **중국어 병음:** yún téng zhì yǔ

· **병음 한글화:** 윈 텅 즈 위

· **한국어 음독:** 운등치우

· **해석 및 배경:** 구름이 솟아 비를 이룬다. 구름(云)이 하늘로 솟아올라(腾) 비(雨)를 내리는(致) 자연 현상입니다. 만물의 생명에 필수적인 물의 순환을 통해 자연의 이치를 설명합니다.

10. 露结为霜

· **중국어 병음:** lù jié wéi shuāng

· **병음 한글화:** 루 지에 웨이 슈앙

· **한국어 음독:** 로결위상

· **해석 및 배경:** 이슬이 맺혀 서리가 된다. 밤의 차가운 기운으로 이슬(露)이 얼어붙어(结) 서리(霜)가 되는 현상입니다. 온도 변화에 따른 물질의 변형을 보여주며, 자연의 미세한 변화를 관찰하는 지혜를 담고 있습니다.

11. 金生丽水

- **중국어 병음:** jīn shēng lì shuǐ
- **병음 한글화:** 진 성 리 슈이
- **한국어 음독:** 금생려수
- **해석 및 배경:** 금은 여수(丽水)에서 난다. 귀한 금(金)이 중국의 여수(麗水) 지역에서 생산된다는 것을 의미합니다. 이는 특정 지역의 특산물을 통해 자원의 귀함과 지리의 인식을 나타냅니다.

12. 玉出昆冈

- **중국어 병음:** yù chū kūn gāng
- **병음 한글화:** 위 추 쿤 강
- **한국어 음독:** 옥출곤강
- **해석 및 배경:** 옥은 곤강(昆冈)에서 나온다. 아름다운 옥(玉)이 곤륜산(昆仑山) 줄기인 곤강(昆冈)에서 산출된다는 내용입니다. 귀한 보석의 산지를 언급하며, 자원의 분포와 가치를 이야기합니다.

13. 剑号巨阙

· **중국어 병음:** jiàn hào jù quē

· **병음 한글화:** 지엔 하오 쥐 취에

· **한국어 음독:** 검호거궐

· **해석 및 배경:** 검 중에는 거궐(巨闕)이 으뜸이다. '거궐(巨闕)'은 중국 고대의 명검 이름입니다. 최고의 명검을 예로 들어 세상의 빼어난 물건과 그 가치를 비유적으로 표현합니다.

14. 珠称夜光

· **중국어 병음:** zhū chēng yè guāng

· **병음 한글화:** 주 청 예 광

· **한국어 음독:** 주칭야광

· **해석 및 배경:** 구슬 중에는 야광주(夜光珠)가 칭송받는다. '야광주(夜光珠)'는 밤에 빛나는 구슬을 의미하는 전설적인 보석입니다. 희귀하고 값진 보물들을 언급하며 세상의 보배를 열거하는 부분입니다.

15. 果珍李柰

- **중국어 병음:** guǒ zhēn lǐ nài
- **병음 한글화:** 구어 전 리 나이
- **한국어 음독:** 과진이내
- **해석 및 배경:** 과일 중에는 오얏과 능금이 진미이다. 귀한(珍) 과일(果)로 오얏(李)과 능금(柰)을 예로 듭니다. 일상생활에서 접할 수 있는 먹거리의 다양성과 귀함을 나타냅니다.

16. 菜重芥姜

- **중국어 병음:** cài zhòng jiè jiāng
- **병음 한글화:** 차이 쫑 지에 지앙
- **한국어 음독:** 채중개강
- **해석 및 배경:** 채소 중에는 갓과 생강이 중요하게 여겨진다. 채소(菜) 중에는 갓(芥)과 생강(姜)이 중요하게(重) 쓰인다는 의미입니다. 향신료와 약용으로도 사용되는 채소의 가치를 말합니다.

17. 海咸河淡

- **중국어 병음:** hǎi xián hé dàn
- **병음 한글화:** 하이 시엔 허 단
- **한국어 음독:** 해함하담
- **해석 및 배경:** 바다는 짜고 강물은 싱겁다. 바닷물(海)은 짜고(咸) 강물(河)은 싱겁다(淡)는 자연의 명백한 이치를 말합니다. 이는 각기 다른 사물의 본질적 특성을 나타냅니다.

18. 鳞潜羽翔

- **중국어 병음:** lín qián yǔ xiáng
- **병음 한글화:** 린 치엔 위 시앙
- **한국어 음독:** 인잠우상
- **해석 및 배경:** 비늘 있는 물고기는 잠기고 날개 있는 새는 난다. 비늘(鳞)이 있는 물고기는 물속에 잠겨 살고(潜), 날개(羽)가 있는 새는 하늘을 난다(翔)는 자연계 생명체들의 고유한 특성과 생활 방식을 묘사합니다.

02

인류 문명의 시작과 고대 현인의 통치

人类文明的起源与 古代贤君的治理

19. 龙师火帝

· **중국어 병음:** lóng shī huǒ dì

· **병음 한글화:** 롱 스 후오 디

· **한국어 음독:** 용사화제

· **해석 및 배경:** 용사(龍師)와 화제(火帝). 고대 전설 속의 통치자들인 태호 복희씨(용을 관장)와 염제 신농씨(불을 관장)를 지칭합니다. 이는 고대 문명의 시작과 중요한 발견, 통치의 기원을 설명하는 역사적인 인물들을 나열합니다.

20. 鸟官人皇

· **중국어 병음:** niǎo guān rén huáng

· **병음 한글화:** 냐오 꽌 런 황

· **한국어 음독:** 조관인황

· **해석 및 배경:** 조관(鳥官)과 인황(人皇). 소호금천씨(새를 관장)와 고대 인황(사람의 시조)을 지칭합니다. 이 또한 중국 고대 전설상의 통치자들로, 문명 초기의 다양한 직책과 지배자들의 등장을 나타냅니다.

21. 始制文字

- **중국어 병음:** shǐ zhì wén zì
- **병음 한글화:** 스 즈 원 쯔
- **한국어 음독:** 시제문자
- **해석 및 배경:** 비로소 문자를 만들었다. 창힐(倉頡)이 처음(始)으로 문자(文字)를 만들었다(制)는 전설을 의미합니다. 인류 문명 발전의 가장 중요한 사건 중 하나인 문자의 발명을 강조합니다.

22. 乃服衣裳

- **중국어 병음:** nǎi fú yī shang
- **병음 한글화:** 나이 푸 이 샹
- **한국어 음독:** 내복의상
- **해석 및 배경:** 이에 옷과 치마를 입게 되었다. 황제 헌원씨가 처음으로 의상(衣裳)을 만들어 사람들이 입게(服) 되었다는 전설입니다. 의복의 발명이 문명의 중요한 진보였음을 보여줍니다.

23. 推位让国

- **중국어 병음:** tuī wèi ràng guó
- **병음 한글화:** 투이 웨이 랑 구오
- **한국어 음독:** 추위양국
- **해석 및 배경:** 임금 자리를 밀고 나라를 사양했다. 덕이 높은 순임금이 요임금에게서 왕위(位)를 물려받고(推讓) 다시 우임금에게 나라(国)를 양보(让)했던 고대 성군의 덕치를 나타냅니다. 이는 세습이 아닌 덕에 기반한 이상적인 통치를 상징합니다.

24. 有虞陶唐

- **중국어 병음:** yǒu yú táo táng
- **병음 한글화:** 요우 위 타오 탕
- **한국어 음독:** 유우도당
- **해석 및 배경:** 우(虞)나라와 도당(陶唐)나라가 있었다. 중국 고대의 전설적인 왕조인 요(堯)임금의 도당(陶唐) 시대와 순(舜)임금의 유우(有虞) 시대를 의미합니다. 이상적인 통치가 이루어졌던 태평성대를 가리킵니다.

25. 吊民伐罪

· **중국어 병음:** diào mín fá zuì

· **병음 한글화:** 띠아오 민 파 쭈이

· **한국어 음독:** 조민벌죄

· **해석 및 배경:** 백성을 위로하고 죄를 벌하다. 고통받는 백성(民)을 위로하고(吊) 죄지은 자(罪)들을 토벌하여(伐) 정의를 구현하는 왕도정치의 기본 원칙을 나타냅니다.

26. 周发殷汤

· **중국어 병음:** zhōu fā yīn tāng

· **병음 한글화:** 저우 파 인 탕

· **한국어 음독:** 주발은탕

· **해석 및 배경:** 주(周)나라 발(發)왕과 은(殷)나라 탕(湯)왕. 주 무왕(武王)의 이름은 발(發)이고, 은(商)나라의 시조는 탕(湯)왕입니다. 폭군을 물리치고 새로운 왕조를 세워 백성을 구원했던 성군들을 기립니다.

27. 坐朝问道

- **중국어 병음:** zuò cháo wèn dào
- **병음 한글화:** 쭈오 챠오 원 따오
- **한국어 음독:** 좌조문도
- **해석 및 배경:** 조정에 앉아 도를 묻다. 임금이 조정에 앉아(坐朝) 올바른 정치(道)에 대해 묻고(问) 신하들과 논의하며 국사를 다스리는 현명한 통치 행위를 묘사합니다.

28. 垂拱平章

- **중국어 병음:** chuí gǒng píng zhāng
- **병음 한글화:** 추이 공 핑 짱
- **한국어 음독:** 수공평장
- **해석 및 배경:** 팔짱 끼고 다스려도 천하가 평화롭다. 임금이 특별한 노력 없이 팔짱을 늘어뜨리고(垂拱) 앉아 있어도 천하가 저절로 평화롭게(平) 다스려지는(章) 이상적인 태평성대의 모습을 의미합니다.

29. 爱育黎首

· **중국어 병음:** ài yù lí shǒu

· **병음 한글화:** 아이 위 리 쇼우

· **한국어 음독:** 애육려수

· **해석 및 배경:** 백성들을 사랑하고 기른다. '려수(黎首)'는 검은 머리 백성, 즉 일반 백성을 뜻합니다. 통치자가 백성들을 자식처럼 사랑으로 보살피고(爱育) 양육하는 애민정신을 강조합니다.

30. 臣伏戎羌

· **중국어 병음:** chén fú róng qiāng

· **병음 한글화:** 천 푸 롱 치앙

· **한국어 음독:** 신복융강

· **해석 및 배경:** 오랑캐들이 신하로 굴복했다. '융(戎)'과 '강(羌)'은 고대 중국 서북방의 이민족을 가리킵니다. 임금의 덕치가 널리 퍼져 주변 민족들까지 스스로 복종하고(臣伏) 따랐음을 나타냅니다.

31. 遐迩壹体

- **중국어 병음:** xiá ěr yī tǐ
- **병음 한글화:** 시아 얼 이 티
- **한국어 음독:** 하이일체
- **해석 및 배경:** 멀고 가까운 곳이 하나가 되었다. '하(遐)'는 먼 곳을, '이(迩)'는 가까운 곳을 의미합니다. 왕의 덕화로 온 세상이 하나의 공동체가 되어 평화롭게 지내게 되었음을 나타냅니다.

32. 率宾归王

- **중국어 병음:** shuài bīn guī wáng
- **병음 한글화:** 슈아이 빈 구이 왕
- **한국어 음독:** 솔빈귀왕
- **해석 및 배경:** 백성들이 임금에게 기꺼이 복종하다. 모든 백성(率)이 마치 손님(宾)처럼 기꺼이 찾아와 왕(王)에게 귀의(归)함을 뜻합니다. 이는 통치자의 인자한 덕치가 백성들의 마음을 사로잡았음을 보여줍니다.

33. 鸣凤在竹

- **중국어 병음:** míng fèng zài zhú
- **병음 한글화:** 밍 펑 짜이 주
- **한국어 음독:** 명봉재죽(수)
- **해석 및 배경:** 봉황이 대나무 숲에서 우짖다. 봉황(鳳)은 성군이 나타났을 때 등장한다고 믿어지는 상서로운 새입니다. 대나무 숲에서 울음소리를 내는(鸣) 봉황은 태평성대와 성군의 치세를 상징합니다.

34. 白驹食场

- **중국어 병음:** bái jū shí chǎng
- **병음 한글화:** 바이 쥐 스 창
- **한국어 음독:** 백구식장
- **해석 및 배경:** 백마가 마구간에서 풀을 먹다. 흰 망아지(白驹)가 마구간(场)에서 한가롭게 풀을 뜯는(食) 모습은 천하가 평화롭고 안락하며 모든 것이 순리대로 이루어지는 이상적인 시대를 의미합니다.

35. 化被草木

- **중국어 병음:** huà bèi cǎo mù
- **병음 한글화:** 화 뻬이 차오 무
- **한국어 음독:** 화피초목
- **해석 및 배경:** 교화가 초목에까지 미치다. 성군의 교화(化)가 풀(草)과 나무(木)에까지 덮일(被) 정도로 지극하다는 표현입니다. 이는 임금의 덕이 만물에 두루 미쳐 세상을 평화롭게 한다는 뜻입니다.

36. 賴及万方

- **중국어 병음:** lài jí wàn fāng
- **병음 한글화:** 라이 지 완 팡
- **한국어 음독:** 뢰급만방
- **해석 및 배경:** 만방에 이르기까지 이로움을 입히다. 임금의 덕화가 온 세상(万方)에 미쳐 백성들이 그 이로움(赖)을 입는(及) 것을 의미합니다. 태평성대의 보편적인 혜택을 강조합니다.

37. 盖此身发

- **중국어 병음:** gài cǐ shēn fà
- **병음 한글화:** 가이 츠 선 파
- **한국어 음독:** 개차신발
- **해석 및 배경:** 대저 우리 몸과 머리털은. 유교적 효 사상의 시작을 알리는 구절입니다. '우리 몸(此身)'과 '머리털(发)'은 부모로부터 받은 것이므로 소중히 여겨야 한다는 의미입니다.

38. 四大五常

- **중국어 병음:** sì dà wǔ cháng
- **병음 한글화:** 쓰 따 우 창
- **한국어 음독:** 사대오상
- **해석 및 배경:** 사대(四大)와 오상(五常). '사대'는 땅, 물, 불, 바람의 네 가지 근원 요소를, '오상'은 인(仁), 의(義), 예(禮), 지(智), 신(信)의 다섯 가지 도덕적 덕목을 의미합니다. 인간의 존재와 윤리의 근본을 제시합니다.

39. 恭惟鞠养

· **중국어 병음:** gōng wéi jū yǎng

· **병음 한글화:** 공 웨이 쥐 양

· **한국어 음독:** 공유국양

· **해석 및 배경:** 부모님께서 길러 주신 은혜를 공경히 생각하라. 부모님의 자애로운(鞠) 양육(养)에 대해 공경하는 마음(恭惟)을 가져야 함을 강조합니다. 효 사상의 핵심입니다.

40. 岂敢毁伤

· **중국어 병음:** qǐ gǎn huǐ shāng

· **병음 한글화:** 치 간 후이 상

· **한국어 음독:** 기감훼상

· **해석 및 배경:** 어찌 감히 훼손할 수 있으랴. 부모님께 받은 몸을 함부로 훼손(毁伤)해서는 안 된다(岂敢)는 유교적 효의 정신을 말합니다. 몸을 소중히 하는 것이 부모님께 대한 효도임을 가르칩니다.

41. 女慕贞洁

- **중국어 병음:** nǚ mù zhēn jié
- **병음 한글화:** 뉘 무 전 지에
- **한국어 음독:** 녀모정결
- **해석 및 배경:** 여자는 정숙하고 순결함을 본받는다. 여자(女)는 정숙하고(贞) 순결함(洁)을 본받고(慕) 추구해야 함을 강조합니다. 고대 사회에서 여성에게 요구되었던 덕목을 나타냅니다.

42. 男效才良

- **중국어 병음:** nán xiào cái liáng
- **병음 한글화:** 난 시아오 차이 리앙
- **한국어 음독:** 남효재량
- **해석 및 배경:** 남자는 재주와 어짊을 본받는다. 남자(男)는 재주(才)와 어진 품성(良)을 본받고(效) 힘써야 함을 강조합니다. 남성에게 요구되는 능률과 덕목을 제시합니다.

43. 知过必改

- **중국어 병음:** zhī guò bì gǎi
- **병음 한글화:** 즈 구어 삐 가이
- **한국어 음독:** 지과필개
- **해석 및 배경:** 허물을 알면 반드시 고친다. 자신의 허물(过)을 알게 되면(知) 반드시(必) 고쳐야(改) 한다는 뜻입니다. 잘못을 인정하고 개선하려는 성찰의 자세를 강조합니다.

44. 得能莫忘

- **중국어 병음:** dé néng mò wàng
- **병음 한글화:** 더 능 모 왕
- **한국어 음독:** 득능막망
- **해석 및 배경:** 능력을 얻으면 잊지 마라. 배움을 통해 얻은 능력(能)과 덕(得)은 결코 잊지(莫忘) 않고 계속 발전시켜야 함을 가르칩니다. 자기 계발과 겸손을 의미합니다.

45. 罔谈彼短

- **중국어 병음:** wǎng tán bǐ duǎn
- **병음 한글화:** 왕 탄 비 두안
- **한국어 음독:** 망담피단
- **해석 및 배경:** 남의 단점을 함부로 말하지 마라. 남(彼)의 단점(短)을 함부로 말하지(谈) 말아야(罔) 함을 강조합니다. 언행의 신중함과 타인에 대한 배려를 가르칩니다.

46. 靡恃己长

- **중국어 병음:** mí shì jǐ cháng
- **병음 한글화:** 미 스 지 창
- **한국어 음독:** 미시기장
- **해석 및 배경:** 자신의 장점을 내세우지 마라. 자신의 장점(己长)을 너무 믿고(恃) 과시하지(靡) 말아야 함을 의미합니다. 겸손하고 겸양하는 태도를 강조합니다.

47. 信使可覆

- **중국어 병음:** xìn shǐ kě fù
- **병음 한글화:** 신 스 커 푸
- **한국어 음독:** 신사가복
- **해석 및 배경:** 믿음은 돌이킬 수 있어야 한다. '신(信)'은 믿음이나 언약, '사(使)'는 사자(使者)가 보내는 명령을 의미합니다. 보낸 말은 다시 확인하여(可覆) 지킬 수 있어야 함을 말합니다. 언행일치의 중요성을 강조합니다.

48. 器欲难量

- **중국어 병음:** qì yù nán liáng
- **병음 한글화:** 치 위 난 리앙
- **한국어 음독:** 기욕난량
- **해석 및 배경:** 도량은 헤아리기 어려워야 한다. 사람의 그릇(器), 즉 도량이나 포부는 쉽게 헤아릴(量) 수 없을 만큼(难) 넓고 커야 함을 의미합니다. 원대한 포부와 넓은 마음을 강조합니다.

49. 墨悲丝染

- **중국어 병음:** mò bēi sī rǎn
- **병음 한글화:** 모 뻬이 쓰 란
- **한국어 음독:** 묵비사염
- **해석 및 배경:** 묵자(墨子)가 흰 실이 물드는 것을 슬퍼했다. 순수한 흰 실이 여러 색으로 물드는 것을 보고 묵자(墨子)가 슬퍼한(悲) 이야기입니다. 사람의 본성은 순수하지만 환경에 따라 변질될 수 있음을 경계합니다.

50. 诗赞羔羊

- **중국어 병음:** shī zàn gāo yáng
- **병음 한글화:** 스 짠 가오 양
- **한국어 음독:** 시찬고양
- **해석 및 배경:** 시경(詩經)에서는 어린양을 칭찬했다. 시경(詩經)에서 어린양(羔羊)의 순수함과 아름다움을 찬양(贊)한 것처럼, 변하지 않는 순수하고 아름다운 본성을 지켜야 함을 가르칩니다.

51. 景行维贤

- **중국어 병음:** jǐng xíng wéi xián
- **병음 한글화:** 징 싱 웨이 시엔
- **한국어 음독:** 경행유현
- **해석 및 배경:** 높은 행실은 오직 현명한 자만이 한다. '경행(景行)'은 훌륭하고 높은 덕행을, '유현(维贤)'은 오직 현자(贤者)만이 그러한 행동을 한다는 뜻입니다. 훌륭한 덕행의 중요성을 강조합니다.

52. 克念作圣

- **중국어 병음:** kè niàn zuò shèng
- **병음 한글화:** 커 니엔 쭈오 썽
- **한국어 음독:** 극념작성
- **해석 및 배경:** 욕심을 극복하여 성인이 된다. 사사로운 생각(念)이나 욕심을 극복하면(克) 성인(圣)이 될 수(作) 있다는 의미입니다. 끊임없는 수양을 통해 자아를 완성해야 함을 강조합니다.

53. 德建名立

- **중국어 병음:** dé jiàn míng lì
- **병음 한글화:** 더 지엔 밍 리
- **한국어 음독:** 덕건명립
- **해석 및 배경:** 덕을 세우면 이름이 선다. 덕(德)을 확고히 세우면(建) 이름(名)이 저절로 세상에 알려지고(立) 명성을 얻게 된다는 뜻입니다. 명성보다는 덕을 쌓는 것이 우선임을 말합니다.

54. 形端表正

- **중국어 병음:** xíng duān biǎo zhèng
- **병음 한글화:** 싱 두안 삐아오 정
- **한국어 음독:** 형단표정
- **해석 및 배경:** 모습이 단정하면 겉모습도 바르게 된다. 몸가짐(形)이 단정하면(端) 겉으로 드러나는 모습(表)도 바르게(正) 된다는 뜻입니다. 내면의 수양과 외면의 태도가 일치해야 함을 강조합니다.

55. 空谷传声

- **중국어 병음:** kōng gǔ chuán shēng
- **병음 한글화:** 콩 구 추안 성
- **한국어 음독:** 공곡전성
- **해석 및 배경:** 빈 골짜기에 소리가 울려 퍼진다. 텅 빈(空) 골짜기(谷)에 소리(声)를 내면 멀리까지 울려 퍼지는(传) 것처럼, 덕을 쌓으면 저절로 소문이 퍼진다는 비유입니다.

56. 虚堂习听

- **중국어 병음:** xū táng xí tīng
- **병음 한글화:** 쉬 탕 시 팅
- **한국어 음독:** 허당습청
- **해석 및 배경:** 빈방에서 익숙하게 듣는다. 텅 빈(虛) 방(堂)에서도 소리(听)가 잘 들리는(习) 것처럼, 덕을 갖춘 사람은 주변의 소리를 잘 듣고 깨달음을 얻는다는 뜻입니다. 언행의 경계와 듣는 자세를 강조합니다.

57. 祸因恶积

- **중국어 병음:** huò yīn è jī
- **병음 한글화:** 후어 인 어 지
- **한국어 음독:** 화인악적
- **해석 및 배경:** 재앙은 악을 쌓는 데서 비롯된다. 재앙(祸)은 나쁜 일(恶)을 쌓는(积) 것으로부터 시작된다(因)는 인과응보의 원리를 나타냅니다. 악행이 결국 자신에게 해로 돌아옴을 경고합니다.

58. 福缘善庆

- **중국어 병음:** fú yuán shàn qìng
- **병음 한글화:** 푸 위엔 산 칭
- **한국어 음독:** 복연선경
- **해석 및 배경:** 복은 선행과 기쁨으로 인해 생긴다. 행복(福)은 선한 일(善)과 경사스러운 일(庆)에서 인연(缘)하여 생긴다는 뜻입니다. 선행이 복을 불러오고 경사를 맞게 됨을 강조합니다.

03

학문수양, 바른처세와 역사속지혜

学问修养、处世之道与历史智慧

59. 尺璧非宝

- **중국어 병음:** chǐ bì fēi bǎo
- **병음 한글화:** 츠 삐 페이 빠오
- **한국어 음독:** 척벽비보
- **해석 및 배경:** 한 자짜리 구슬도 보배가 아니다. 한 자(尺)나 되는 귀한 구슬(璧)도 진정한 보배(宝)가 아니다(非)라는 뜻입니다. 물질적인 가치보다 더 중요한 것이 있음을 암시합니다.

60. 寸阴是竞

- **중국어 병음:** cùn yīn shì jìng
- **병음 한글화:** 춘 인 스 징
- **한국어 음독:** 촌음시경
- **해석 및 배경:** 짧은 시간도 아껴 다투어라. 짧은 시간(寸阴)도 아까워 다투듯(是竞) 소중히 여겨야 함을 강조합니다. 시간의 중요성과 근면한 자세를 가르칩니다.

61. 资父事君

· **중국어 병음:** zī fù shì jūn

· **병음 한글화:** 쯔 푸 스 쥔

· **한국어 음독:** 자부사군

· **해석 및 배경:** 아버지에게 효도하듯 임금을 섬겨라. 아버지(父)를 섬기는(事) 마음으로 임금(君)을 섬겨야 한다는 유교의 충효 사상을 나타냅니다. 충성과 효심은 같은 뿌리에서 나옴을 강조합니다.

62. 曰严与敬

· **중국어 병음:** yuē yán yǔ jìng

· **병음 한글화:** 위에 이엔 위 징

· **한국어 음독:** 왈엄여경

· **해석 및 배경:** 엄숙함과 공경함을 말한다. 부모와 임금을 대할 때 지녀야 할 태도로, 엄숙함(严)과 공경함(敬)을 갖춰야 한다(曰)는 뜻입니다. 예의 바른 태도의 중요성을 강조합니다.

63. 孝当竭力

- **중국어 병음:** xiào dāng jié lì
- **병음 한글화:** 시아오 당 지에 리
- **한국어 음독:** 효당갈력
- **해석 및 배경:** 효도는 마땅히 힘을 다해야 한다. 효도(孝)는 마땅히(当) 온 힘(力)을 다해야(竭) 함을 강조합니다. 효심은 진심과 노력을 다하는 것임을 가르칩니다.

64. 忠则尽命

- **중국어 병음:** zhōng zé jìn mìng
- **병음 한글화:** 쭝 쩌 진 밍
- **한국어 음독:** 충즉진명
- **해석 및 배경:** 충성은 목숨을 다해야 한다. 충성(忠)은 곧(则) 목숨(命)을 다하는(尽) 것임을 의미합니다. 충절의 중요성과 최고 가치를 강조합니다.

65. 临深履薄

- **중국어 병음:** lín shēn lǚ bó
- **병음 한글화:** 린 선 뤼 보
- **한국어 음독:** 임심이박
- **해석 및 배경:** 깊은 못에 임하고 얇은 얼음을 밟는 듯이. 깊은 물가에 서고(临深) 얇은 얼음 위를 걷듯이(履薄) 항상 조심하고 경계하는 태도를 가져야 함을 비유합니다.

66. 夙兴温凊

- **중국어 병음:** sù xīng wēn qìng
- **병음 한글화:** 쑤 싱 원 칭
- **한국어 음독:** 숙흥온정
- **해석 및 배경:** 아침 일찍 일어나 따뜻하고 시원하게 해 드려라. 부모님을 섬기는 효도로, 일찍 일어나(夙兴) 잠자리를 따뜻하게(温) 해드리고(温) 여름에는 시원하게(凊) 해드려야 함을 강조합니다.

67. 似兰斯馨

- **중국어 병음:** sì lán sī xīn
- **병음 한글화:** 쓰 란 쓰 신
- **한국어 음독:** 사란사형
- **해석 및 배경:** 난초처럼 향기롭다. 난초(兰)가 풍기는 향기(馨)처럼(似) 고매한 덕이 자연스럽게 배어 나와야 함을 비유합니다.

68. 如松之盛

- **중국어 병음:** rú sōng zhī shèng
- **병음 한글화:** 루 쑹 즈 성
- **한국어 음독:** 여송지성
- **해석 및 배경:** 소나무처럼 무성하다. 소나무(松)처럼 늘 푸르고 굳건하게 무성한(盛) 기상을 지녀야 함을 비유합니다. 변함없는 기개와 활력을 나타냅니다.

69. 川流不息

- **중국어 병음:** chuān liú bù xī
- **병음 한글화:** 추안 리우 뿌 시
- **한국어 음독:** 천류불식
- **해석 및 배경:** 냇물이 쉬지 않고 흐른다. 강물(川)이 쉬지 않고(不息) 계속 흐르는(流) 것처럼, 학문이나 덕행을 꾸준히 닦아야 함을 비유합니다.

70. 淵澄取映

- **중국어 병음:** yuān chéng qǔ yìng
- **병음 한글화:** 위엔 청 취 잉
- **한국어 음독:** 연징취영
- **해석 및 배경:** 맑은 못은 사물을 비춘다. 맑게(澄) 고인 연못(淵)은 만물을 비추어(取映) 그 모습을 명확히 드러내듯이, 마음을 맑게 해야 세상을 바르게 볼 수 있음을 의미합니다.

71. 容止若思

· **중국어 병음:** róng zhǐ ruò sī

· **병음 한글화:** 롱 즈 뤄 쓰

· **한국어 음독:** 용지약사

· **해석 및 배경:** 거동은 생각하는 듯이 하라. 행동(容止)거지를 항상 신중히 생각하듯(若思) 해야 함을 강조합니다. 조심스럽고 사려 깊은 태도를 가르칩니다.

72. 言辭安定

· **중국어 병음:** yán cí ān dìng

· **병음 한글화:** 이엔 츠 안 띵

· **한국어 음독:** 언사안정

· **해석 및 배경:** 말은 안정되고 침착해야 한다. 말(言辭)은 신중하고(安定) 침착하게 해야 함을 강조합니다. 언행의 중요성과 신중함을 가르칩니다.

73. 笃初诚美

- **중국어 병음:** dǔ chū chéng měi
- **병음 한글화:** 두 추 청 메이
- **한국어 음독:** 독초성미
- **해석 및 배경:** 처음을 돈독히 하면 진정 아름답다. 처음(初) 시작할 때 마음을 돈독히(笃) 하면 진정(诚) 아름답다(美)는 뜻입니다. 초심을 잃지 않는 것의 중요성을 강조합니다.

74. 慎终宜令

- **중국어 병음:** shèn zhōng yí lìng
- **병음 한글화:** 선 쭝 이 링
- **한국어 음독:** 신종의령
- **해석 및 배경:** 끝을 신중히 하면 마땅히 좋다. 끝맺음(终)을 신중히(慎) 하면 마땅히(宜) 좋게(令) 된다는 의미입니다. 유종의 미를 거두는 것의 중요성을 강조합니다.

75. 荣业所基

- **중국어 병음:** róng yè suǒ jī
- **병음 한글화:** 롱 예 쑤오 지
- **한국어 음독:** 영업소기
- **해석 및 배경:** 영광스러운 업적의 근본이다. 위에서 언급된 돈독한 시작과 신중한 마무리가 영광스러운 사업(荣业)의 바탕(基)이 된다는 뜻입니다.

76. 籍甚无竟

- **중국어 병음:** jí shèn wú jìng
- **병음 한글화:** 지 선 우 징
- **한국어 음독:** 적심무경
- **해석 및 배경:** 명성이 지극하여 끝이 없다. 그 명성(籍)이 심히(甚) 대단하여 끝이(竟) 없을(无) 정도임을 의미합니다. 훌륭한 덕행으로 인한 명예를 찬양합니다.

77. 学优登仕

- **중국어 병음:** xué yōu dēng shì
- **병음 한글화:** 쉬에 유 뜽 스
- **한국어 음독:** 학우등사
- **해석 및 배경:** 학문이 뛰어나면 관직에 나아간다. 학문(学)이 뛰어나면(优) 관리(仕)로 등용된다(登)는 뜻입니다. 과거 제도 하에서 학문을 닦는 목적과 길을 제시합니다.

78. 摄职从政

- **중국어 병음:** shè zhí cóng zhèng
- **병음 한글화:** 서 즈 충 정
- **한국어 음독:** 섭직종정
- **해석 및 배경:** 직책을 맡아 정사에 참여한다. 관직(职)을 맡아(摄) 국정(政)에 참여(从)함을 의미합니다. 관리가 되어 나라의 일에 봉사하는 자세를 나타냅니다.

79. 存以甘棠

- **중국어 병음:** cún yǐ gān táng
- **병음 한글화:** 춘 이 간 탕
- **한국어 음독:** 존이감당
- **해석 및 배경:** (그의 은덕이) 살아서는 감당 나무 아래 남아 있다. 주(周)나라 소공(召公)이 정치를 할 때 감당 나무 아래서 백성의 송사를 처리했던 고사를 인용한 것입니다. 관리의 덕이 백성들에게 오래도록 기억됨을 의미합니다.

80. 去而益咏

- **중국어 병음:** qù ér yì yǒng
- **병음 한글화:** 취 얼 이 용
- **한국어 음독:** 거이익영
- **해석 및 배경:** 떠난 뒤에도 더욱 칭송된다. 관직에서 물러난(去) 뒤에도 그 선정을 백성들이 더욱(益) 칭송한다(咏)는 뜻입니다. 백성에게 깊은 감동을 준 현명한 관리에 대한 칭송입니다.

81. 乐殊贵贱

· **중국어 병음:** lè shū guì jiàn

· **병음 한글화:** 러 슈 꾸이 지엔

· **한국어 음독:** 악수귀천

· **해석 및 배경:** 음악은 귀천이 다르다. 음악(乐)은 귀한 사람과(贵) 천한 사람(贱)이 각각 다르게(殊) 즐긴다는 뜻입니다. 지위의 차이에 따른 예절과 생활 양식을 보여줍니다.

82. 礼别尊卑

· **중국어 병음:** lǐ bié zūn bēi

· **병음 한글화:** 리 비에 쭌 뻬이

· **한국어 음독:** 예별존비

· **해석 및 배경:** 예법은 높고 낮음을 분별한다. 예법(礼)은 존귀한(尊) 사람과 비천한(卑) 사람을 구별(别)함을 의미합니다. 사회 질서 유지에 있어 예의 중요성을 강조합니다.

83. 上和下睦

- **중국어 병음:** shàng hé xià mù
- **병음 한글화:** 상 허 시아 무
- **한국어 음독:** 상화하목
- **해석 및 배경:** 위아래가 화합하고 화목하다. 윗사람(上)과 아랫사람(下)이 서로 화목하고(和睦) 잘 지내는 이상적인 사회나 가정을 묘사합니다.

84. 夫唱妇随

- **중국어 병음:** fū chàng fù suí
- **병음 한글화:** 푸 창 푸 쑤이
- **한국어 음독:** 부창부수
- **해석 및 배경:** 남편이 노래하면 아내가 따른다. 남편(夫)이 앞서서 말하면(唱) 아내(妇)가 이에 따르는(随) 전통적인 부부 관계를 나타냅니다. (현대적 관점에서는 성별 고정관념이 반영된 표현으로 해석될 수 있습니다.)

85. 外受傅训

- **중국어 병음:** wài shòu fù xùn
- **병음 한글화:** 와이 쇼우 푸 쉬인
- **한국어 음독:** 외수부훈
- **해석 및 배경:** 밖에서는 스승의 가르침을 받는다. 집 밖(外)에서는 스승(傅)의 가르침(训)을 받음(受)을 의미합니다. 교육의 중요성과 외부의 지도를 통해 인격을 수양하는 태도를 나타냅니다.

86. 入奉母仪

- **중국어 병음:** rù fèng mǔ yí
- **병음 한글화:** 루 펑 무 이
- **한국어 음독:** 입봉모의
- **해석 및 배경:** 안에서는 어머니의 가르침을 받든다. 집 안(入)에서는 어머니(母)의 가르침과 예절(仪)을 받드는(奉) 것을 의미합니다. 가정 교육의 중요성과 어머니의 역할을 강조합니다.

87. 诸姑伯叔

- **중국어 병음:** zhū gū bó shú
- **병음 한글화:** 주 꾸 보 슈
- **한국어 음독:** 제고백숙
- **해석 및 배경:** 여러 고모와 숙부들. '제고백숙(诸姑伯叔)'은 친족 관계에 있는 모든 고모(姑), 백부(伯), 숙부(叔)를 통칭하는 말입니다. 가족 구성원과 친족의 중요성을 나타냅니다.

88. 犹子比儿

- **중국어 병음:** yóu zǐ bǐ ér
- **병음 한글화:** 요우 쯔 비 얼
- **한국어 음독:** 유자비아
- **해석 및 배경:** 조카를 자식처럼 여긴다. 조카(犹子)를 자신의 자식(儿)처럼 여기고(比) 사랑해야 함을 의미합니다. 친족 간의 유대와 사랑을 강조합니다.

89. 孔怀兄弟

· **중국어 병음:** kǒng huái xiōng dì

· **병음 한글화:** 콩 화이 시옹 띠

· **한국어 음독:** 공회형제

· **해석 및 배경:** 형제를 매우 그리워하고 사랑한다. '공회(孔怀)'는 매우 그리워하고 걱정하며 사랑하는 마음을 의미합니다. 형제(兄弟) 간의 깊은 우애와 정을 강조합니다.

90. 同气连枝

· **중국어 병음:** tóng qì lián zhī

· **병음 한글화:** 통 치 리엔 즈

· **한국어 음독:** 동기연지

· **해석 및 배경:** 같은 기운으로 이어진 가지. 형제는 같은 나무에서 나온 가지(连枝)처럼 같은 기운(同气)을 타고났음을 의미합니다. 형제자매 간의 끊을 수 없는 혈육의 정을 비유적으로 표현합니다.

91. 交友投分

- **중국어 병음:** jiāo yǒu tóu fèn
- **병음 한글화:** 지아오 유 토우 펀
- **한국어 음독:** 교우투분
- **해석 및 배경:** 친구와 뜻을 맞춰 사귄다. 친구(友)를 사귈(交) 때는 서로 마음과 뜻(分)을 합쳐야(投) 함을 의미합니다. 진정한 우정을 위한 마음가짐을 강조합니다.

92. 切磨箴规

- **중국어 병음:** qiē mó zhēn guī
- **병음 한글화:** 치에 모 전 꾸이
- **한국어 음독:** 절마잠규
- **해석 및 배경:** (서로) 잘라주고 갈아주며 바른 행동을 충고한다. 친구끼리 마치 옥을 자르고 갈듯이(切磨) 서로 덕을 닦고, 훈계하며(箴规) 바른길로 이끌어줘야 함을 의미합니다.

93. 仁慈隐恻

· **중국어 병음:** rén cí yǐn cè

· **병음 한글화:** 런 츠 인 쩌

· **한국어 음독:** 인자은측

· **해석 및 배경:** 인자하고 측은히 여기는 마음. 어질고(仁) 자비로우며(慈), 남의 아픔을 숨기지 않고(隐) 측은하게(恻) 여기는 마음을 의미합니다. 인간이 지녀야 할 기본적인 도덕적 감정을 강조합니다.

94. 造次弗离

· **중국어 병음:** zào cì fú lí

· **병음 한글화:** 짜오 츠 푸 리

· **한국어 음독:** 조차불리

· **해석 및 배경:** 바쁜 중에도 떠나지 않는다. '조차(造次)'는 급하고 바쁜 때를 의미합니다. 아무리 바쁘더라도 인자하고 측은히 여기는 마음을 잃지 않고(弗离) 지켜야 함을 강조합니다.

95. 节义廉退

· **중국어 병음:** jié yì lián tuì

· **병음 한글화:** 지에 이 리엔 투이

· **한국어 음독:** 절의렴퇴

· **해석 및 배경:** 절개와 의리, 청렴과 겸양. 사람으로서 지켜야 할 덕목으로, 굳은 절개(节)와 의리(义), 청렴결백함(廉)과 겸손하여 물러설 줄 아는(退) 태도를 제시합니다.

96. 颠沛匪亏

· **중국어 병음:** diān pèi fěi kuī

· **병음 한글화:** 띠엔 뻬이 페이 쿠이

· **한국어 음독:** 전패비휴

· **해석 및 배경:** 고난과 역경 속에서도 잃지 않는다. '전패(颠沛)'는 고난과 역경을 의미합니다. 어떠한 어려운 상황(颠沛)에서도 절의염퇴의 덕목을 잃지(亏) 않아야(匪) 함을 강조합니다.

97. 性静情逸

- **중국어 병음:** xìng jìng qíng yì
- **병음 한글화:** 싱 징 칭 이
- **한국어 음독:** 성정정일
- **해석 및 배경:** 본성은 고요하고 마음은 편안하다. 타고난 본성(性)이 고요하고(静) 순수하며, 그로 인해 감정(情) 또한 평안하고(逸) 평온함을 의미합니다.

98. 心动神疲

- **중국어 병음:** xīn dòng shén pí
- **병음 한글화:** 신 똥 선 피
- **한국어 음독:** 심동신피
- **해석 및 배경:** 마음이 움직이면 정신이 피로해진다. 마음(心)이 동요하고(动) 번잡하면 정신(神)이 피로해진다(疲)는 뜻입니다. 정신적 안정을 추구하는 중요성을 강조합니다.

99. 守真志満

- **중국어 병음:** shǒu zhēn zhì mǎn
- **병음 한글화:** 쇼우 전 즈 만
- **한국어 음독:** 수진지만
- **해석 및 배경:** 본성을 지키면 뜻이 가득하다. 자신의 본연의 참된 모습(真)을 지키면(守) 뜻(志)이 충만해진다(満)는 의미입니다. 내면의 충실함에서 오는 만족감을 강조합니다.

100. 逐物意移

- **중국어 병음:** zhú wù yì yí
- **병음 한글화:** 주 우 이 이
- **한국어 음독:** 축물의이
- **해석 및 배경:** 물질을 좇으면 마음이 변한다. 덧없는 외부의 물질(物)을 좇게(逐) 되면 마음(意)이 흔들리고 변하기(移) 쉽다는 뜻입니다. 물욕을 경계하고 내면의 가치를 추구해야 함을 가르칩니다.

101. 坚持雅操

- **중국어 병음:** jiān chí yǎ cāo
- **병음 한글화:** 지엔 츠 야 차오
- **한국어 음독:** 견지아조
- **해석 및 배경:** 우아한 절개를 굳건히 지킨다. 고상하고(雅) 뛰어난 품행이나 절개(操)를 굳건히(坚持) 지켜야 함을 강조합니다. 흔들리지 않는 지조와 덕행의 중요성입니다.

102. 好爵自縻

- **중국어 병음:** hǎo jué zì mí
- **병음 한글화:** 하오 쥐에 쯔 미
- **한국어 음독:** 호작자미
- **해석 및 배경:** 좋은 벼슬은 저절로 따라온다. 굳건히 덕행을 지키면 좋은 벼슬(爵)이 저절로(自) 따라오게(縻) 됨을 의미합니다. 덕행이 있으면 자연히 명예와 복이 따른다는 뜻입니다.

103. 都邑华夏

· **중국어 병음:** dū yì huá xià

· **병음 한글화:** 두 이 화 시아

· **한국어 음독:** 도읍화하

· **해석 및 배경:** 도읍지들은 중화에 있었다. 중국의 도성(都邑)들이 찬란한(华) 중화(夏) 문명의 중심에 있었음을 말합니다. 고대 중국 문명의 번영과 중심성을 강조합니다.

104. 东西二京

· **중국어 병음:** dōng xī èr jīng

· **병음 한글화:** 똥 시 얼 징

· **한국어 음독:** 동서이경

· **해석 및 배경:** 동쪽과 서쪽의 두 서울. 고대 중국의 주요 수도였던 동경(東京)과 서경(西京), 즉 낙양(洛陽)과 장안(長安)을 가리킵니다. 두 수도의 중요성을 나타냅니다.

105. 背邙面洛

- **중국어 병음:** bèi máng miàn luò
- **병음 한글화:** 뻬이 망 미엔 루오
- **한국어 음독:** 배망면락
- **해석 및 배경:** 북망산을 등지고 낙수(洛水)를 마주보다. 낙양(洛陽)의 지형적 특징을 묘사합니다. 북망산(邙山)을 등지고(背) 낙수(洛水)를 바라보는(面) 입지는 풍수지리적으로 길지로 여겨졌습니다.

106. 浮渭据泾

- **중국어 병음:** fú wèi jù jīng
- **병음 한글화:** 푸 웨이 쥐 징
- **한국어 음독:** 부위거경
- **해석 및 배경:** 위수(渭水)에 뜨고 경수(泾水)에 웅거하다. 장안(長安)의 지리적 이점을 묘사합니다. 위수(渭水)를 끼고(浮) 경수(泾水)에 의지하여(据) 견고한 요새를 이룸을 의미합니다.

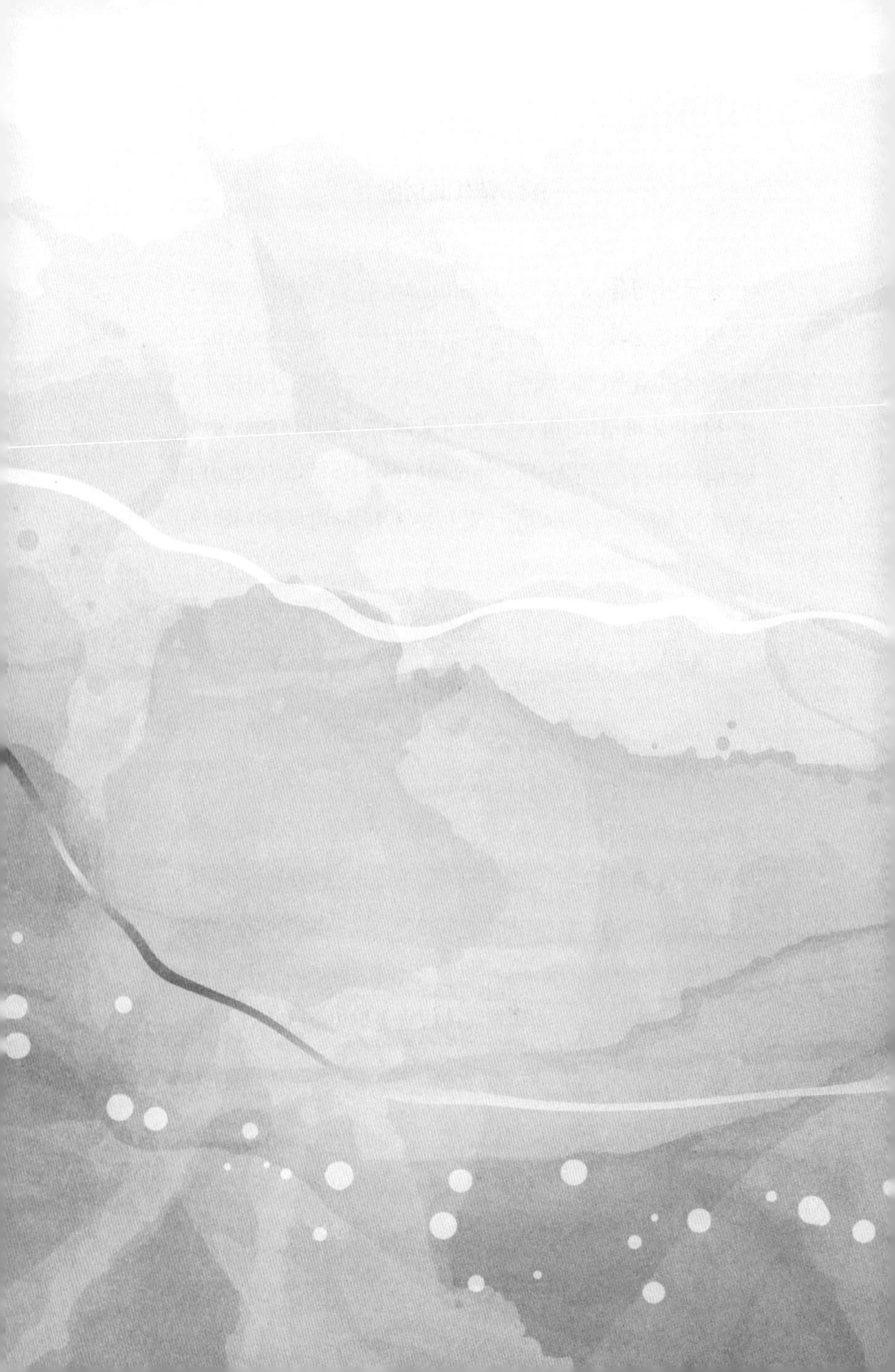

04

왕실의 영광, 문화생활과 자연의 아름다움

王室的荣光、 文化生活与自然之美

107. 宫殿盘郁

· **중국어 병음:** gōng diàn pán yù

· **병음 한글화:** 공 띠엔 판 위

· **한국어 음독:** 궁전반울

· **해석 및 배경:** 궁전은 웅장하고 빼어나다. 황제의 궁전(宫殿)이 웅장하고(盘) 아름답게 우거져(郁) 있음을 묘사합니다. 수도의 화려하고 위엄 있는 모습을 나타냅니다.

108. 楼观飞惊

· **중국어 병음:** lóu guàn fēi jīng

· **병음 한글화:** 로우 꾸안 페이 징

· **한국어 음독:** 누관비경

· **해석 및 배경:** 누각과 관은 하늘을 나는 듯하다. 높이 솟은 누각(楼)과 망대(观)가 마치 하늘을 날아오르는 듯이(飞) 놀라울(惊) 정도로 웅장하고 아름답다는 묘사입니다.

109. 图写禽兽

- **중국어 병음:** tú xiě qín shòu
- **병음 한글화:** 투 시에 친 쇼우
- **한국어 음독:** 도사금수
- **해석 및 배경:** 금수(禽獸)의 그림을 그리고. 궁궐 내부에 그려진 그림들을 묘사합니다. 새(禽)와 짐승(兽) 등의 동물들을 그림으로(图写) 그렸음을 말합니다.

110. 画彩仙灵

- **중국어 병음:** huà cǎi xiān líng
- **병음 한글화:** 화 차이 시엔 링
- **한국어 음독:** 화채선령
- **해석 및 배경:** 채색하여 신선을 그린다. 채색으로(画彩) 신선(仙)과 영물(灵)의 그림을 그렸음을 의미합니다. 궁궐의 화려한 장식과 신비로운 분위기를 표현합니다.

111. 丙舍傍启

- **중국어 병음:** bǐng shè bàng qǐ
- **병음 한글화:** 삥 서 방 치
- **한국어 음독:** 병사방계
- **해석 및 배경:** 병사(丙舍)가 옆으로 열려 있다. 궁궐 내 병사(丙舍)라고 불리는 별채나 부속 건물이 옆으로(傍) 개방되어(启) 있음을 묘사합니다. 건축 구조의 특징을 나타냅니다.

112. 甲帐对楹

- **중국어 병음:** jiǎ zhàng duì yíng
- **병음 한글화:** 지아 짱 뚜이 잉
- **한국어 음독:** 갑장대영
- **해석 및 배경:** 갑장(甲帳)이 기둥을 마주 본다. 황제의 침전인 갑장(甲帳)이 궁궐의 웅장한 기둥(楹)을 마주 보고(对) 있다는 묘사입니다. 황제의 거처가 가진 위엄을 나타냅니다.

113. 肆筵设席

- **중국어 병음:** sì yán shè xí
- **병음 한글화:** 쓰 이엔 서 시
- **한국어 음독:** 사연설석
- **해석 및 배경:** 잔치를 베풀고 자리를 마련한다. 큰 잔치(筵)를 베풀고(肆) 좌석(席)을 마련(设)하는 화려한 궁중 연회를 묘사합니다.

114. 鼓瑟吹笙

- **중국어 병음:** gǔ sè chuī shēng
- **병음 한글화:** 구 서 추이 성
- **한국어 음독:** 고슬취생
- **해석 및 배경:** 비파를 타고 생황을 분다. 거문고(瑟)를 타거나(鼓) 생황(笙)을 부는(吹) 모습으로 궁중 연회의 음악과 흥겨운 분위기를 나타냅니다.

115. 升阶纳陛

· **중국어 병음:** shēng jiē nà bì

· **병음 한글화:** 성 지에 나 삐

· **한국어 음독:** 승계납폐

· **해석 및 배경:** 섬돌을 오르고 계단에 오르다. 전각으로 오르는 층계(阶)를 밟고 올라(升), 임금이 있는 대궐의 층계(陛)를 오르는(纳) 경건한 절차를 묘사합니다.

116. 弁转疑星

· **중국어 병음:** biàn zhuǎn yí xīng

· **병음 한글화:** 삐엔 주안 이 싱

· **한국어 음독:** 변전의성

· **해석 및 배경:** 관모가 별처럼 반짝인다. 신하들이 쓴 높은 관모(弁)가 빙글빙글 돌면서(转) 마치 별(星)처럼 반짝이는(疑) 화려한 모습을 묘사합니다. 궁궐의 의식과 장엄함을 나타냅니다.

117. 右通广内

- **중국어 병음:** yòu tōng guǎng nèi
- **병음 한글화:** 요우 통 꾸앙 네이
- **한국어 음독:** 우통광내
- **해석 및 배경:** 오른쪽으로는 광내(廣內)로 통하고. 궁궐 내부의 전각 이름인 '광내(廣內)'로 오른쪽 길(右)이 연결되어(通) 있음을 묘사합니다. 궁궐 내부의 배치입니다.

118. 左达承明

- **중국어 병음:** zuǒ dá chéng míng
- **병음 한글화:** 쭤 다 청 밍
- **한국어 음독:** 좌달승명
- **해석 및 배경:** 왼쪽으로는 승명(承明)으로 이어진다. 궁궐 내 또 다른 전각인 '승명(承明)'으로 왼쪽 길(左)이 이어진다(达)는 묘사입니다.

119. 既集墳典

- **중국어 병음:** jì jí fén diǎn
- **병음 한글화:** 지 지 펀 띠엔
- **한국어 음독:** 기집분전
- **해석 및 배경:** 이미 삼분(三墳)과 오전(五典)을 모았다. '분(墳)'은 삼황의 책을, '전(典)'은 오제의 책을 의미합니다. 고대 왕들의 귀한 서적들이 이미 모여(集) 있었음을 말합니다.

120. 亦聚群英

- **중국어 병음:** yì jù qún yīng
- **병음 한글화:** 이 쥐 췬 잉
- **한국어 음독:** 역취군영
- **해석 및 배경:** 또한 여러 영웅들을 모았다. 위대한 고전 서적들과 함께 여러 뛰어난 인재(群英)들이 모여(聚) 있었음을 의미합니다. 문명과 지혜의 집결지를 묘사합니다.

121. 杜稿钟隶

- **중국어 병음:** dù gǎo zhōng lì
- **병음 한글화:** 두 가오 쭝 리
- **한국어 음독:** 두고종례
- **해석 및 배경:** 두도(杜度)의 초고(草稿)와 종요(鍾繇)의 예서(隷書). 중국 고대의 서예가 두도(杜度)의 필체와 종요(鍾繇)의 글씨체를 예로 듭니다. 뛰어난 예술적 업적을 말합니다.

122. 漆书壁经

- **중국어 병음:** qī shū bì jīng
- **병음 한글화:** 치 슈 삐 징
- **한국어 음독:** 칠서벽경
- **해석 및 배경:** 옻칠한 책과 벽 속의 경서. 고대 주나라 경전들을 옻칠로 쓴 글씨(漆书)와 진시황의 분서갱유 때 숨겨져 벽(壁) 속에 보존되었던 경전(经)을 의미합니다. 고문서와 역사적 유산을 상징합니다.

123. 府罗将相

- **중국어 병음:** fǔ luó jiāng xiàng
- **병음 한글화:** 푸 루오 지앙 시앙
- **한국어 음독:** 부라장상
- **해석 및 배경:** 재상의 저택에는 장수들이 즐비하다. 재상(相)의 저택(府)에는 장군(将)들이 벌여 서 있는(罗) 듯이 많았음을 묘사합니다. 뛰어난 인재들이 모여 국정을 보좌했음을 나타냅니다.

124. 路侠槐卿

- **중국어 병음:** lù xiá huái qīng
- **병음 한글화:** 루 시아 화이 칭
- **한국어 음독:** 노협괴경
- **해석 및 배경:** 길옆에는 훌륭한 대부(槐卿)들이 있었다. 길(路)옆에 삼공(三公)이 정치를 논하던 회화나무(槐) 아래에 훌륭한 고관(卿)들이 늘어서 있었음을 말합니다. 현명한 관리들이 많음을 의미합니다.

125. 户封八县

- **중국어 병음:** hù fēng bā xiàn
- **병음 한글화:** 후 펑 빠 시엔
- **한국어 음독:** 호봉팔현
- **해석 및 배경:** 여덟 현을 봉토로 받았다. 명문 거족이나 공신들이 여덟 개(八)의 현(县)을 봉토(封)로 받아 가문(户)의 번영을 누렸음을 나타냅니다. 봉건 시대의 지위와 부를 묘사합니다.

126. 家给千兵

- **중국어 병음:** jiā gěi qiān bīng
- **병음 한글화:** 지아 게이 치엔 삥
- **한국어 음독:** 가급천병
- **해석 및 배경:** 집안에 천 명의 병사를 거느린다. 한 집안(家)이 천 명(千)의 병사(兵)를 거느릴(给) 정도로 강력한 세력과 재력을 가졌음을 의미합니다. 군사력을 통해 가문의 위세를 나타냅니다.

127. 高冠陪輦

- **중국어 병음:** gāo guān péi niǎn
- **병음 한글화:** 가오 꽌 페이 니엔
- **한국어 음독:** 고관배련
- **해석 및 배경:** 높은 관모를 쓰고 임금의 수레를 따르다. 높은 관모(高冠)를 쓴 관리들이 임금의 수레(輦)를 호위하며(陪) 따르는 모습을 묘사합니다. 황실의 권위와 위엄을 나타냅니다.

128. 驱毂振缨

- **중국어 병음:** qū gǔ zhèn yīng
- **병음 한글화:** 취 구 전 잉
- **한국어 음독:** 구곡진영
- **해석 및 배경:** 바퀴를 몰아 갓끈을 휘날리다. 수레의 바퀴(毂)를 몰고(驱) 달리며 관모의 갓끈(缨)이 흔들리는(振) 역동적인 모습을 묘사합니다. 위엄과 활력을 나타냅니다.

129. 世禄侈富

- **중국어 병음:** shì lù chǐ fù
- **병음 한글화:** 스 루 츠 푸
- **한국어 음독:** 세록치부
- **해석 및 배경:** 대대로 녹을 받아 부유함이 사치스럽다. 대대로(世) 관직의 녹(禄)을 받아 사치스러울 정도로(侈) 부유함(富)을 누렸음을 의미합니다. 귀족 가문의 부와 영광을 나타냅니다.

130. 车驾肥轻

- **중국어 병음:** chē jià féi qīng
- **병음 한글화:** 처 지아 페이 칭
- **한국어 음독:** 거가비경
- **해석 및 배경:** 수레는 뚱뚱하고 말은 가볍다. 임금의 수레(车驾)가 크고 장엄하며, 말이 잘 길들여져 힘은 있으나 움직임은 가볍다(肥轻)는 뜻입니다. 궁중의 위세와 고급스러움을 상징합니다.

131. 策功茂实

- **중국어 병음:** cè gōng mào shí
- **병음 한글화:** 처 궁 마오 스
- **한국어 음독:** 책공무실
- **해석 및 배경:** 공로와 업적을 기록하고 풍성하게 채운다. 훌륭한 공로(功)를 기록하고(策) 실질적인(实) 업적을 풍성하게(茂) 이루었음을 의미합니다. 뛰어난 인물들의 업적을 칭송합니다.

132. 勒碑刻铭

- **중국어 병음:** lè bēi kè míng
- **병음 한글화:** 러 뻬이 커 밍
- **한국어 음독:** 륵비각명
- **해석 및 배경:** 비석에 공적을 새긴다. 업적을 기리는 비석(碑)을 세우고(勒) 그 위에 새길 명문(铭)을 새김(刻)을 의미합니다. 위인의 공적을 영원히 기리는 행위를 나타냅니다.

133. 番溪伊尹

- **중국어 병음:** fān xī yī yǐn
- **병음 한글화:** 판 시 이 인
- **한국어 음독:** 반계이윤
- **해석 및 배경:** 반계(番溪)의 강태공(姜太公)과 이윤(伊尹). 주(周) 문왕(文王)을 도왔던 강태공이 반계에 살았고, 은(殷)나라 탕왕을 도왔던 현신 이윤(伊尹)을 지칭합니다. 어진 재상들의 역할을 강조합니다.

134. 佐时阿衡

- **중국어 병음:** zuǒ shí ā héng
- **병음 한글화:** 쭈오 스 아 헝
- **한국어 음독:** 좌시아형
- **해석 및 배경:** 시대를 돕는 아형(阿衡)이 되었다. 이윤(伊尹)이 탕왕을 도와(佐) 국정을 보좌하는(时) 아형(阿衡, 재상)이 되었음을 의미합니다. 현명한 신하의 보좌 역할을 강조합니다.

135. 奄宅曲阜

- **중국어 병음:** yǎn zhái qū fù
- **병음 한글화:** 옌 자이 취 푸
- **한국어 음독:** 엄택곡부
- **해석 및 배경:** 넓게 곡부(曲阜)에 거주하다. 주 공단(周公旦)이 노(魯)나라 곡부(曲阜)에 넓게(奄) 자리 잡아(宅) 다스렸음을 의미합니다. 제후의 봉지와 통치권을 나타냅니다.

136. 微旦孰營

- **중국어 병음:** wēi dàn shú yíng
- **병음 한글화:** 웨이 딴 슈우 잉
- **한국어 음독:** 미단숙영
- **해석 및 배경:** 주공(周公)이 아니면 누가 이룰 수 있었겠는가. '미(微)'는 ~가 없다면, '단(旦)'은 주공의 이름입니다. 주공(周公)의 뛰어난 역량이 아니면 그 많은 일들을 누가 이룰 수(營) 있었겠는가(孰)라는 찬사입니다.

137. 桓公匡合

- **중국어 병음:** huán gōng kuāng hé
- **병음 한글화:** 환 공 쾅 허
- **한국어 음독:** 환공광합
- **해석 및 배경:** 환공이 제후들을 바르게 규합하다. 춘추시대 제(齊) 환공(桓公)이 제후들을 바로잡아(匡) 규합(合)하여 패자(霸者)가 되었음을 의미합니다. 현명한 통치자가 세상을 안정시킨 예시입니다.

138. 济弱扶倾

- **중국어 병음:** jì ruò fú qīng
- **병음 한글화:** 지 뤄 푸 칭
- **한국어 음독:** 제약부경
- **해석 및 배경:** 약한 자를 구제하고 기울어지는 것을 붙들다. 약한(弱) 나라를 구제하고(济) 위기에 처한(倾) 나라를 도와주었다(扶)는 환공의 업적을 나타냅니다. 위정자가 지녀야 할 덕목입니다.

139. 绮回汉惠

- **중국어 병음:** qǐ huí hàn huì
- **병음 한글화:** 치 후이 한 후이
- **한국어 음독:** 기회한혜
- **해석 및 배경:** 기회(綺回)가 한(漢) 혜제(惠帝)를 돕다. 한(漢) 혜제(惠帝)를 보필했던 4명의 노인인 '상산사호(商山四皓)' 중 한 명인 기회(綺回)를 의미합니다. 은퇴한 현자가 황실을 돕는 모습입니다.

140. 说感武丁

- **중국어 병음:** yuè gǎn wǔ dīng
- **병음 한글화:** 유에 간 우 띵
- **한국어 음독:** 열감무정
- **해석 및 배경:** 부열(傅說)이 은(殷) 무정(武丁)을 감동시켰다. 은나라 무정(武丁) 임금이 부열(傅說)을 재상으로 삼아 나라를 부흥시킨 고사입니다. 현명한 인재를 알아보는 통치자의 지혜를 강조합니다.

141. 俊义密勿

- **중국어 병음:** jùn yì mì wù
- **병음 한글화:** 쥔 이 미 우
- **한국어 음독:** 준의(예)밀물
- **해석 및 배경:** 뛰어난 재능과 의리를 다하고 정사에 힘쓰다. 뛰어난(俊) 지혜와(义) 재능으로 은밀히(密) 정사에 힘쓰는(勿) 현명한 신하들을 의미합니다.

142. 多士实宁

- **중국어 병음:** duō shì shí níng
- **병음 한글화:** 뚜오 스 스 닝
- **한국어 음독:** 다사실(식)녕
- **해석 및 배경:** 많은 선비들이 진정으로 평안했다. 많은(多) 선비(士)와 인재들이 진실로(实) 평안하게(宁) 지낼 수 있었던 태평성대를 의미합니다.

143. 晋楚更霸

· **중국어 병음:** jìn chǔ gèng bà

· **병음 한글화:** 진 추 껑 빠

· **한국어 음독:** 진초경패

· **해석 및 배경:** 진(晉)과 초(楚)가 번갈아 패권을 다투다. 춘추시대 진(晉)나라와 초(楚)나라가 번갈아(更) 천하의 패자(霸)가 되어 서로 경쟁했음을 나타냅니다. 역사적 대결 구도를 설명합니다.

144. 赵魏困横

· **중국어 병음:** zhào wèi kùn héng

· **병음 한글화:** 짜오 웨이 쿤 헝

· **한국어 음독:** 조위곤횡

· **해석 및 배경:** 조(趙)와 위(魏)가 합종(合縱)에 곤경을 겪다. 전국시대 조(趙)나라와 위(魏)나라가 진(秦)나라에 대항하여 합종책을 펴는 과정에서 겪었던 어려움(困)을 의미합니다. 외교 전략과 그 고충을 보여줍니다.

145. 假途灭虢

· **중국어 병음:** jiǎ tú miè guó

· **병음 한글화:** 지아 투 미에 구오

· **한국어 음독:** 가도멸괵

· **해석 및 배경:** 길을 빌려 괵(虢)나라를 멸망시키다. 춘추시대 진(晉)나라가 우(虞)나라에게 길(途)을 빌려(假) 괵(虢)나라를 멸망시키고, 돌아오는 길에 우나라까지 점령한 계책을 말합니다. 교활한 전략을 비유합니다.

146. 践土会盟

· **중국어 병음:** jiàn tǔ huì méng

· **병음 한글화:** 지엔 투 후이 멍

· **한국어 음독:** 천토회맹

· **해석 및 배경:** 천토(踐土)에서 제후들이 맹약을 맺다. 춘추시대 진 문공(文公)이 천토(踐土)에서 제후들을 모아 맹약(会盟)을 맺고 패자가 된 역사적 사건입니다. 외교적 성과를 상징합니다.

147. 何遵约法

- **중국어 병음:** hé zūn yuē fǎ
- **병음 한글화:** 허 쭌 위에 파
- **한국어 음독:** 하준약법
- **해석 및 배경:** 소하(蕭何)가 약법(約法)을 따랐다. 한(漢)나라 재상 소하(蕭何)가 한고조(漢高祖) 유방(劉邦)의 약법(약간의 간단한 법규)을 존중하고(遵) 시행했음을 의미합니다. 법의 준수를 강조합니다.

148. 韩弊烦刑

- **중국어 병음:** hán bì fán xíng
- **병음 한글화:** 한 삐 판 싱
- **한국어 음독:** 한폐번형
- **해석 및 배경:** 한(韓)비자가 번거로운 형벌에 폐해를 당했다. 전국시대 한비자(韓非子)가 엄격하고 번잡한 형벌(烦刑)을 주장했으나, 결국 이로 인해 해를 입게(弊) 되었음을 나타냅니다. 가혹한 법치주의의 한계를 보여줍니다.

149. 起翦颇牧

- **중국어 병음:** qǐ jiǎn pō mù
- **병음 한글화:** 치 지엔 포 무
- **한국어 음독:** 기전파목
- **해석 및 배경:** 백기(白起), 왕전(王翦), 염파(廉頗), 이목(李牧). 전국시대 진(秦), 조(趙)나라의 네 명의 명장(名将)들입니다. 이들의 군사적 재능과 뛰어난 전술을 찬양합니다.

150. 用军最精

- **중국어 병음:** yòng jūn zuì jīng
- **병음 한글화:** 용 쥔 쭈이 징
- **한국어 음독:** 용군최정
- **해석 및 배경:** 군사를 운용함에 가장 정통했다. 위에 언급된 장군들이 군사를 운용하는(用军) 데 있어 가장(最) 뛰어났다(精)는 찬사입니다. 최고의 군사 전문가들을 의미합니다.

05

국가 경영의 원칙과 현명한 통치

国家治理原则与
贤明统治

151. 宣威沙漠

· **중국어 병음:** xuān wēi shā mò

· **병음 한글화:** 쉬엔 웨이 사 모

· **한국어 음독:** 선위사막

· **해석 및 배경:** 사막에까지 위세를 떨쳤다. 그들의 위세(威)와 명성이 사막(沙漠)에까지 널리 떨쳤다(宣)는 의미입니다. 광활한 지역에까지 미친 영향력을 나타냅니다.

152. 驰誉丹青

· **중국어 병음:** chí yù dān qīng

· **병음 한글화:** 츠 위 딴 칭

· **한국어 음독:** 치예단청

· **해석 및 배경:** 명성이 그림에까지 달리 알려졌다. '단청(丹青)'은 그림을 의미합니다. 그들의 명성(誉)이 후대에까지 그림(丹青)처럼 널리 알려졌다(驰)는 뜻입니다.

153. 九州禹迹

- **중국어 병음:** jiŭ zhōu yŭ jì
- **병음 한글화:** 지우 저우 위 지
- **한국어 음독:** 구주우적
- **해석 및 배경:** 중국의 아홉 주(州)에 우(禹) 임금의 발자취. 하나라의 시조 우(禹) 임금이 중국 전역을 아홉 주(九洲)로 나누고 홍수를 다스리며 남긴 치수(治水)의 발자취(迹)를 의미합니다. 위대한 치적을 기립니다.

154. 百郡秦并

- **중국어 병음:** băi jùn qín bìng
- **병음 한글화:** 바이 쥔 친 삥
- **한국어 음독:** 백군진병
- **해석 및 배경:** 전국시대 진(秦)나라가 백 개의 군(郡)을 합병하다. 진시황이 천하를 통일하고 백 개(百)의 군(郡)을 설치하여 합병(并)했음을 의미합니다. 진나라의 통일과 중앙 집권적 통치 체제를 나타냅니다.

155. 岳宗泰岱

- **중국어 병음:** yuè zōng tài dài
- **병음 한글화:** 위에 쫑 타이 따이
- **한국어 음독:** 악종태(항)대
- **해석 및 배경:** 숭산은 태산(泰山)을 으뜸으로 한다. 오악(五岳) 중에서 태산(泰山)이 으뜸(宗)으로 숭상된다(岳)는 뜻입니다. 중국의 명산들을 언급합니다.

156. 禅主云亭

- **중국어 병음:** chán zhǔ yún tíng
- **병음 한글화:** 찬 주 윈 팅
- **한국어 음독:** 선주운정
- **해석 및 배경:** 선제(禪祭)는 운정(雲亭)에서 주관된다. 황제가 하늘에 제사를 지내는 선제(禪祭)를 운정산(雲亭山)에서 주관했음을 의미합니다. 제천 의식의 장엄함을 나타냅니다.

157. 雁门紫塞

- **중국어 병음:** yàn mén zǐ sāi
- **병음 한글화:** 이엔 먼 쯔 싸이
- **한국어 음독:** 안문자새
- **해석 및 배경:** 안문관(雁門關)과 자새(紫塞). '안문(雁门)'은 중국 북방의 요충지인 관문(關門)이며, '자새(紫塞)'는 만리장성을 일컫는 별칭입니다. 중국의 국경 방어 시설들을 의미합니다.

158. 鸡田赤城

- **중국어 병음:** jī tián chì chéng
- **병음 한글화:** 지 티엔 츠 청
- **한국어 음독:** 계전적성
- **해석 및 배경:** 계전(雞田)과 적성(赤城). 중국의 서쪽과 동쪽에 위치한 요새나 산악 지역의 이름입니다. 광활한 중국의 다양한 지리적 특징을 나타냅니다.

159. 昆池碣石

· **중국어 병음:** kūn chí jié shí

· **병음 한글화:** 쿤 츠 지에 스

· **한국어 음독:** 곤지갈석

· **해석 및 배경:** 곤명지(昆明池)와 갈석산(碣石山). 중국의 호수와 산악 지역 이름으로, 남방의 곤명지(昆明池)와 북방의 갈석산(碣石山)을 가리킵니다.

160. 巨野洞庭

· **중국어 병음:** jù yě dòng tíng

· **병음 한글화:** 쥐 예 똥 팅

· **한국어 음독:** 거야동정

· **해석 및 배경:** 거야택(巨野澤)과 동정호(洞庭湖). 동방의 거야택(巨野澤)과 남방의 동정호(洞庭湖)를 의미합니다. 중국의 넓은 지역을 대표하는 자연 경관입니다.

161. 旷远绵邈

- **중국어 병음:** kuàng yuǎn mián miǎo
- **병음 한글화:** 쾅 위엔 미엔 먀오
- **한국어 음독:** 광원면막
- **해석 및 배경:** 넓고 멀리 뻗어 아득하다. 국토의 광활함과(旷远) 시간적, 공간적으로 아득히 이어짐(绵邈)을 묘사합니다. 드넓은 중국 대륙의 모습을 나타냅니다.

162. 岩岫杳冥

- **중국어 병음:** yán xiù yǎo míng
- **병음 한글화:** 이엔 시우 야오 밍
- **한국어 음독:** 암수묘명
- **해석 및 배경:** 바위와 산봉우리가 아득히 어둡다. 바위(岩)와 산봉우리(岫)들이 아득하고(杳) 어둡게(冥) 이어져 있어 깊은 산속의 신비롭고 고요한 풍경을 묘사합니다.

163. 治本于农

- **중국어 병음:** zhì běn yú nóng
- **병음 한글화:** 즈 뻔 위 농
- **한국어 음독:** 치본어농
- **해석 및 배경:** 다스림의 근본은 농업에 있다. 나라를 다스리는(治) 근본(本)은 농업(农)에 달려있다(于)는 뜻입니다. 농업이 국가의 경제적 기반임을 강조합니다.

164. 务兹稼穑

- **중국어 병음:** wù zī jià sè
- **병음 한글화:** 우 쯔 지아 서
- **한국어 음독:** 무자가색
- **해석 및 배경:** 농사를 짓는 일에 힘쓰다. 백성들은 마땅히 농작물(稼穑)을 심고 거두는(兹) 일(务)에 힘써야 함을 강조합니다. 농업의 중요성을 나타냅니다.

165. 叔载南亩

- **중국어 병음:** shū zài nán mǔ
- **병음 한글화:** 슈 자이 난 무
- **한국어 음독:** 숙재남묘
- **해석 및 배경:** (젊은이들은) 남쪽 밭에 씨를 심다. 젊은 이들이(叔, 즉 젊은 남자) 남쪽(南) 밭(亩)에 씨앗을 심고(载) 농사짓는 모습을 묘사합니다. 농업 생산의 활발함을 나타냅니다.

166. 我艺黍稷

- **중국어 병음:** wǒ yì shǔ jì
- **병음 한글화:** 워 이 슈 지
- **한국어 음독:** 아예서직
- **해석 및 배경:** 나는 기장과 피를 심었다. '나(我)'는 기장(黍)과 피(稷) 같은 곡식(艺)을 심었다는 뜻입니다. 다양한 곡물 재배를 통해 풍성한 수확을 기대하는 모습입니다.

167. 稅熟贡新

- **중국어 병음:** shuì shú gòng xīn
- **병음 한글화:** 슈이 슈우 공 신
- **한국어 음독:** 세숙공신
- **해석 및 배경:** 익으면 세금을 바치고 새로운 것을 바친다. 곡식이 익으면(熟) 세금(稅)을 바치고, 새로 난(新) 것을 임금께 진상(贡)하는 제도와 백성들의 의무를 의미합니다.

168. 劝赏黜陟

- **중국어 병음:** quàn shǎng chù zhì
- **병음 한글화:** 취엔 상 추 즈
- **한국어 음독:** 권상출척
- **해석 및 배경:** 공을 세우면 권하고 상을 주며, 죄를 지으면 내치고 벌을 준다. 공적이 있는 자에게는 상을 권하고(劝赏), 능력 없는 자는 내치고(黜) 유능한 자를 등용하는(陟) 상벌 제도를 말합니다.

169. 孟轲敦素

- **중국어 병음:** mèng kē dūn sù
- **병음 한글화:** 멍 커 둔 쑤
- **한국어 음독:** 맹가돈소
- **해석 및 배경:** 맹자(孟子)는 순수함을 돈독히 지켰다. 맹자(孟轲)가 본연의 순수하고 소박한(素) 마음을 돈독히(敦) 지켰음을 의미합니다. 맹자의 높은 덕성을 칭송합니다.

170. 史鱼秉直

- **중국어 병음:** shǐ yú bǐng zhí
- **병음 한글화:** 스 위 삥 즈
- **한국어 음독:** 사어병직
- **해석 및 배경:** 사어(史魚)는 강직함을 지켰다. 춘추시대 위(衛)나라의 대부(大夫) 사어(史魚)가 죽어서도 강직한(直) 기개를 지켰던(秉) 고사입니다. 강직한 선비의 자세를 칭송합니다.

171. 庶几中庸

· **중국어 병음:** shù jī zhōng yōng

· **병음 한글화:** 슈 지 쫑 용

· **한국어 음독:** 서기중용

· **해석 및 배경:** 중용(中庸)에 가까워지기를 바라다. 대부분(庶几)의 사람들이 중용(中庸)의 덕에 가깝기를 바란다는 뜻입니다. 지나치거나 모자라지 않는 중용의 도를 추구하는 지혜를 강조합니다.

172. 劳谦谨敕

· **중국어 병음:** láo qiān jǐn chì

· **병음 한글화:** 라오 치엔 진 츠

· **한국어 음독:** 노겸근칙

· **해석 및 배경:** 근면하고 겸손하며 삼가고 삼가는 것. 힘써 일하고(劳) 겸손하며(谦), 삼가고(谨) 단정히(敕) 해야 할 품행을 말합니다.

173. 聆音察理

· **중국어 병음:** líng yīn chá lǐ

· **병음 한글화:** 링 인 차 리

· **한국어 음독:** 영음찰리

· **해석 및 배경:** 소리를 들어 이치를 살피다. 상대방의 말(音)을 경청하여(聆) 그 속의 이치(理)를 통찰하는(察) 것을 의미합니다. 지혜로운 판단력을 강조합니다.

174. 鉴貌辨色

· **중국어 병음:** jiàn mào biàn sè

· **병음 한글화:** 지엔 마오 삐엔 서

· **한국어 음독:** 감모변색

· **해석 및 배경:** 모습을 보고 안색을 분별하다. 사람의 모습(貌)을 살펴(鉴) 얼굴색(色)으로 그 마음을 분별(辨)함을 의미합니다. 사람을 알아보고 판단하는 능력을 말합니다.

175. 贻厥嘉猷

- **중국어 병음:** yí jué jiā yóu
- **병음 한글화:** 이 쥐에 지아 요우
- **한국어 음독:** 이궐가유
- **해석 및 배경:** 그에게 좋은 계책을 남긴다. 자손(厥)에게 아름다운(嘉) 계획이나 계책(猷)을 물려준다(贻)는 의미입니다. 후대에 물려줄 지혜와 유산을 강조합니다.

176. 勉其祗植

- **중국어 병음:** miǎn qí zhī zhí
- **병음 한글화:** 미엔 치 즈 즈
- **한국어 음독:** 면기지식
- **해석 및 배경:** 그것을 공경히 심기를 힘쓴다. 선인들의 가르침을 공경히(祗) 마음에 심고(植) 노력하기를(勉) 권장하는 뜻입니다. 교육과 수양의 중요성입니다.

177. 省躬讥诫

- **중국어 병음:** xǐng gōng jī jiè
- **병음 한글화:** 싱 궁 지 지에
- **한국어 음독:** 성궁기계
- **해석 및 배경:** 몸을 살펴 경계하다. 자신(躬)을 반성하고(省) 남의 비난(讥)과 경계(诫)를 받아들이는 것을 의미합니다. 자기 성찰과 타인의 충고를 수용하는 자세를 강조합니다.

178. 宠增抗极

- **중국어 병음:** chǒng zēng kàng jí
- **병음 한글화:** 충 쩡 캉 지
- **한국어 음독:** 총증항극
- **해석 및 배경:** 총애가 더하면 한계를 거스르게 된다. 총애(宠)가 더해지면(增) 오만해져서 극도(极)에 저항하게(抗) 된다는 의미입니다. 과도한 총애나 권세가 위험할 수 있음을 경계합니다.

179. 殆辱近恥

- **중국어 병음:** dài rǔ jìn chǐ
- **병음 한글화:** 따이 루 진 츠
- **한국어 음독:** 태욕근치
- **해석 및 배경:** 위태로운 치욕이 가까워진다. 총애에 빠져 자만하면 위태로운(殆) 모욕(辱)과 치욕(恥)이 가까워짐(近)을 의미합니다. 총애에 따르는 위험성을 경고합니다.

180. 林皋幸即

- **중국어 병음:** lín gāo xìng jí
- **병음 한글화:** 린 가오 싱 지
- **한국어 음독:** 임고행즉
- **해석 및 배경:** 숲과 물가에서 다행히 얻다. 숲(林)과 물가(皋)에 은거하여 다행히(幸) 평안을 얻는(即) 것을 의미합니다. 권세에서 벗어나 자연 속에서 은둔하는 삶을 묘사합니다.

181. 两疏见机

- **중국어 병음:** liǎng shū jiàn jī
- **병음 한글화:** 리앙 슈 지엔 지
- **한국어 음독:** 양소견기
- **해석 및 배경:** 양 소(疎)씨가 기미를 보았다. 한(漢)나라 때 소광(疎廣)과 소수(疎受) 부자가 현명하게 때의 기미(机)를 보고(见) 벼슬에서 물러났다는 고사입니다. 은퇴의 적절한 시기를 아는 지혜를 강조합니다.

182. 解组谁逼

- **중국어 병음:** jiě zǔ shuí bī
- **병음 한글화:** 지에 쭈 슈이 삐
- **한국어 음독:** 해조수핍
- **해석 및 배경:** 관직에서 물러나는데 누가 강요했겠는가. '조(组)'는 관직의 인끈을 의미합니다. 스스로 관직에서 물러났을 뿐(解组), 누가 강요(逼)한(谁) 것이 아님을 의미합니다. 스스로 결정하는 현명한 선택입니다.

183. 索居闲处

- **중국어 병음:** suǒ jū xián chǔ
- **병음 한글화:** 쑤오 쥐 시엔 추
- **한국어 음독:** 색거한처
- **해석 및 배경:** 외로이 살며 한가롭게 지낸다. 세상과 떨어져 외롭게(索) 살며(居), 한가로운(闲) 곳에 머무는(处) 은둔자의 삶을 묘사합니다.

184. 沉默寂寥

- **중국어 병음:** chén mò jì liáo
- **병음 한글화:** 천 모 지 리아오
- **한국어 음독:** 침묵적요
- **해석 및 배경:** 침묵하고 고요하다. 말없이(沉默) 고요하고(寂寥) 한적하게 지내는 삶의 태도를 나타냅니다. 은둔생활의 평온함을 묘사합니다.

185. 求古寻论

- **중국어 병음:** qiú gǔ xún lùn
- **병음 한글화:** 치우 구 쉬인 룬
- **한국어 음독:** 구고심론
- **해석 및 배경:** 옛것을 구하고 이치를 찾다. 옛 성인들의 가르침(古)을 구하고(求) 그 안에 담긴 도리(论)를 찾아(寻) 탐구하는 것을 의미합니다. 학문에 정진하는 삶의 태도입니다.

186. 散虑逍遥

- **중국어 병음:** sàn lǜ xiāo yáo
- **병음 한글화:** 싼 뤼 시아오 야오
- **한국어 음독:** 산려소요
- **해석 및 배경:** 근심을 흩어버리고 자유롭게 노닐다. 온갖 걱정(虑)을 흩어버리고(散) 자유롭고(逍遥) 유유자적하게 지내는 것을 의미합니다. 번뇌에서 벗어난 삶의 모습입니다.

187. 欣奏累遣

· **중국어 병음:** xīn zòu lèi qiǎn

· **병음 한글화:** 신 쩌우 레이 치엔

· **한국어 음독:** 흔주루견

· **해석 및 배경:** 기쁜 일로 근심을 떨쳐내다. 기쁜 일(欣)이 생기면 연거푸(累) 오던 근심(遣)을 떨쳐 버릴(奏) 수 있음을 의미합니다.

188. 戚谢欢招

· **중국어 병음:** qī xiè huān zhāo

· **병음 한글화:** 치 시에 환 쨔오

· **한국어 음독:** 척사환초

· **해석 및 배경:** 슬픔은 사라지고 즐거움이 찾아온다. 슬픔(戚)은 사라지고(谢) 즐거움(欢)이 찾아드는(招) 인생의 덧없음과 희로애락을 말합니다.

189. 渠荷的历

- **중국어 병음:** qú hé dì lì
- **병음 한글화:** 취 허 띠 리
- **한국어 음독:** 거하적력
- **해석 및 배경:** 연못의 연꽃이 찬란하게 피어나다. 연못(渠)의 연꽃(荷)이 찬란하게(的历) 피어나는 모습을 묘사합니다. 여름날 자연의 아름다움을 나타냅니다.

190. 园莽抽条

- **중국어 병음:** yuán mǎng chōu tiáo
- **병음 한글화:** 위엔 망 추 티아오
- **한국어 음독:** 원망추조
- **해석 및 배경:** 동산의 풀들이 싹을 틔우고 가지를 뻗는다. 동산(园)의 무성한 풀(莽)들이 싹을 틔우고(抽) 가지를 뻗는(条) 모습을 묘사합니다. 봄날 자연의 생동감을 나타냅니다.

191. 枇杷晩翠

- **중국어 병음:** pí pá wǎn cuì
- **병음 한글화:** 피 파 완 추이
- **한국어 음독:** 비파만취
- **해석 및 배경:** 비파나무는 늦도록 푸르다. 비파나무(枇杷)는 다른 나무보다 늦게까지(晩) 푸른색(翠)을 유지함을 의미합니다. 사계절 변화 속에서 특정 식물의 특성을 말합니다.

192. 梧桐蚤凋

- **중국어 병음:** wú tóng zǎo diāo
- **병음 한글화:** 우 퉁 짜오 띠아오
- **한국어 음독:** 오동조조
- **해석 및 배경:** 오동나무는 일찍 시든다. 오동나무(梧桐)는 가을에 다른 나무보다 일찍(蚤) 시든다(凋)는 뜻입니다. 자연의 다양한 모습과 각기 다른 식물의 특성을 나타냅니다.

193. 陈根委翳

· **중국어 병음:** chén gēn wěi yì

· **병음 한글화:** 천 건 웨이 이

· **한국어 음독:** 진근위예

· **해석 및 배경:** 묵은 뿌리는 썩고 시든다. 오래된(陈) 뿌리(根)가 시들고(委翳) 썩어가는 모습을 묘사합니다. 생명의 유한성과 자연의 순환을 의미합니다.

194. 落叶飘摇

· **중국어 병음:** luò yè piāo yáo

· **병음 한글화:** 루오 예 피아오 야오

· **한국어 음독:** 낙엽표요

· **해석 및 배경:** 나뭇잎은 떨어져 나부낀다. 떨어지는(落) 나뭇잎(叶)이 바람에 흩날리는(飘摇) 모습을 묘사합니다. 자연의 덧없음과 생명의 소멸을 나타냅니다.

195. 游昆独运

- **중국어 병음:** yóu kūn dú yùn
- **병음 한글화:** 요우 쿤 두 윈
- **한국어 음독:** 유곤독운
- **해석 및 배경:** 홀로 곤륜산을 유유히 다닌다. 마치 곤륜산(昆)을 유유히 유람하듯이(游), 스스로의 뜻대로(独运) 행동하는 것을 비유합니다.

196. 凌摩绛霄

- **중국어 병음:** líng mó jiàng xiāo
- **병음 한글화:** 링 모 지앙 시아오
- **한국어 음독:** 릉마강소
- **해석 및 배경:** 붉은 하늘을 뚫고 오르다. 붉은(绛) 하늘(霄)을 뚫고(凌摩) 날아오르는 듯한 기상을 표현합니다. 원대한 포부와 높은 이상을 나타냅니다.

197. 耽读玩市

· **중국어 병음:** dān dú wán shì

· **병음 한글화:** 딴 두 완 스

· **한국어 음독:** 탐독완시

· **해석 및 배경:** 독서에 빠져 시장에서 논다. 학문에 깊이 빠져(耽读) 속세의 시장(市)을 돌아다니는(玩) 것도 잊을 정도의 학구열을 의미합니다.

198. 寓目囊箱

· **중국어 병음:** yù mù náng xiāng

· **병음 한글화:** 위 무 낭 시앙

· **한국어 음독:** 우목낭상

· **해석 및 배경:** (세상 만물을) 책상에 담아 보다. 모든 것(目)을 마치 책과 책상(囊箱) 안에 담아두듯(寓) 마음에 담아 깊이 관찰하고 연구함을 의미합니다.

199. 易酋攸畏

- **중국어 병음:** yì qiú yōu wèi
- **병음 한글화:** 이 치우 요우 웨이
- **한국어 음독:** 이유유외
- **해석 및 배경:** 역관들은 (왕을) 두려워한다. '역(易)'은 사신이 머무는 관사나 외교관을, '유(酋)'는 우두머리를 의미하며, '유(攸)'는 바를 유 자입니다. 역관들조차도 (임금을) 두려워(畏)할 정도의 위엄을 표현합니다.

200. 屬耳垣墻

- **중국어 병음:** zhǔ ěr yuán qiáng
- **병음 한글화:** 주 얼 위엔 치앙
- **한국어 음독:** 속이원장
- **해석 및 배경:** 귀는 담장에 가까이 붙여라. 담장(垣墻)에도 귀(耳)를 붙이고(屬) 들으라는 속담으로, 비밀은 쉽게 새어 나갈 수 있으니 언행을 삼가라는 경고입니다.

201. 具膳餐饭

- **중국어 병음:** jù shàn cān fàn
- **병음 한글화:** 쥐 선 찬 판
- **한국어 음독:** 구선손반
- **해석 및 배경:** 좋은 음식을 차려 식사하다. 좋은(膳) 음식(餐饭)을 차려(具) 식사를 한다는 뜻입니다. 기본적인 생활의 편의를 나타냅니다.

202. 适口充肠

- **중국어 병음:** shì kǒu chōng cháng
- **병음 한글화:** 스 코우 충 창
- **한국어 음독:** 적구충장
- **해석 및 배경:** 입에 맞고 배를 채우다. 맛이 입에(口) 맞고(适) 배(肠)를 채울(充) 수 있음을 의미합니다. 음식을 맛있게 먹고 배불리 채울 수 있는 풍요로움을 말합니다.

203. 饱饫烹宰

- **중국어 병음:** bǎo yù pēng zǎi
- **병음 한글화:** 빠오 위 펑 자이
- **한국어 음독:** 포어팽재
- **해석 및 배경:** 삶고 구운 음식을 배불리 먹다. 삶고(烹) 구운(宰) 맛있는 음식(饫)을 배불리(饱) 먹을 수 있는 풍성한 식탁을 묘사합니다.

204. 饥厌糟糠

- **중국어 병음:** jī yàn zāo kāng
- **병음 한글화:** 지 이엔 짜오 캉
- **한국어 음독:** 기염조강
- **해석 및 배경:** 배고프면 지게미도 달다. 배고플(饥) 때는 맛없는 지게미(糟糠)조차도 싫어하지 않는다(厌)는 뜻입니다. 배고픔을 면하는 것에 대한 감사함을 말합니다.

205. 亲戚故旧

- **중국어 병음:** qīn qī gù jiù
- **병음 한글화:** 친 치 꾸 지우
- **한국어 음독:** 친척고구
- **해석 및 배경:** 친척과 옛 친구. 가까운 친척(亲戚)들과 오랜 옛 친구(故旧)들을 의미합니다. 인간관계의 중요한 축인 가족과 친구를 언급합니다.

206. 老少异粮

- **중국어 병음:** lǎo shào yì liáng
- **병음 한글화:** 라오 샤오 이 리앙
- **한국어 음독:** 노소이량
- **해석 및 배경:** 노인과 아이는 다른 양식을 먹다. 나이 든 사람(老)과 어린 사람(少)은 각기 다른(异) 음식(粮)을 먹어야 한다는 의미입니다. 연령별 식생활의 차이와 배려를 나타냅니다.

207. 妾御绩纺

- **중국어 병음:** qiè yù jì fǎng
- **병음 한글화:** 치에 위 지 팡
- **한국어 음독:** 첩어적방
- **해석 및 배경:** 첩이 삼실을 잇고 옷감을 짠다. 첩(妾)이 길쌈(绩纺)을 하며 집안의 일을 돕고(御) 옷을 만드는 모습을 묘사합니다. 고대 여성들의 노동과 역할입니다.

208. 侍巾帷房

- **중국어 병음:** shì jīn wéi fáng
- **병음 한글화:** 스 진 웨이 팡
- **한국어 음독:** 시건유방
- **해석 및 배경:** 방에서 시중을 들고 보필한다. 규방(帷房)에서 수건(巾)을 들고 시중을 들며(侍) 주인(主)을 보필하는 여성의 역할을 나타냅니다.

209. 纨扇圆洁

- **중국어 병음:** wán shàn yuán jié
- **병음 한글화:** 완 산 위엔 지에
- **한국어 음독:** 환선원결
- **해석 및 배경:** 흰 비단 부채는 둥글고 깨끗하다. 고운 비단(纨)으로 만든 부채(扇)가 둥글고(圆) 깨끗함(洁)을 묘사합니다. 미인의 상징이자 단아한 분위기를 나타냅니다.

210. 银烛炜煌

- **중국어 병음:** yín zhú wěi huáng
- **병음 한글화:** 인 주 웨이 황
- **한국어 음독:** 은촉위황
- **해석 및 배경:** 은빛 촛대가 빛나고 찬란하다. 은(银)으로 된 촛대(烛)가 밝게(炜煌) 빛나는 모습을 묘사합니다. 밤의 실내 풍경과 안락함을 나타냅니다.

211. 昼眠夕寐

- **중국어 병음:** zhòu mián xī mèi
- **병음 한글화:** 쩌우 미엔 시 메이
- **한국어 음독:** 주면석매
- **해석 및 배경:** 낮에 잠들고 저녁에 잔다. 낮(昼)에는 잠들고(眠) 저녁(夕)에는 잠자리에 든다(寐)는 뜻입니다. 기본적인 생체 리듬과 편안한 휴식을 나타냅니다.

212. 蓝笋象床

- **중국어 병음:** lán sǔn xiàng chuáng
- **병음 한글화:** 란 쑤운 시앙 추앙
- **한국어 음독:** 남순상상
- **해석 및 배경:** 푸른 죽순 무늬 상아 침상. 푸른(蓝) 죽순(笋) 무늬로 상아(象) 침대(床)를 장식했음을 묘사합니다. 화려하고 고급스러운 가구를 나타냅니다.

213. 弦歌酒宴

- **중국어 병음:** xián gē jiǔ yàn
- **병음 한글화:** 시엔 거 지우 이엔
- **한국어 음독:** 현가주연
- **해석 및 배경:** 현악기 연주와 노래가 있는 술잔치. 현악기(弦) 연주와 노래(歌)가 있는 술(酒) 연회(宴)를 의미합니다. 풍류를 즐기는 흥겨운 분위기를 나타냅니다.

214. 接杯举觞

- **중국어 병음:** jiē bēi jǔ shāng
- **병음 한글화:** 지에 뻬이 쥐 상
- **한국어 음독:** 접배거상
- **해석 및 배경:** 잔을 돌리고 술잔을 든다. 술잔(杯)을 주고받고(接) 큰 잔(觞)을 들어 올리는(举) 모습을 묘사합니다. 연회에서 술을 즐기는 모습을 나타냅니다.

215. 矫手顿足

· **중국어 병음:** jiǎo shǒu dùn zú

· **병음 한글화:** 지아오 쇼우 뚠 쭈

· **한국어 음독:** 교수돈족

· **해석 및 배경:** 손을 치켜들고 발을 구르다. 기쁨과 즐거움으로 손(手)을 치켜들고(矫) 발(足)을 구르는(顿) 모습을 묘사합니다. 몹시 기뻐하는 감정의 표현입니다.

216. 悦豫且康

· **중국어 병음:** yuè yù qiě kāng

· **병음 한글화:** 위에 위 치에 캉

· **한국어 음독:** 열예차강

· **해석 및 배경:** 기쁘고 즐거워하며 또한 평안하다. 마음이 매우 기쁘고(悦豫) 즐거우며, 게다가 몸과 마음이 건강하고 평안한(康) 상태를 나타냅니다. 행복한 삶의 모습을 묘사합니다.

217. 嫡后嗣续

- **중국어 병음:** dí hòu sì xù
- **병음 한글화:** 디 호우 쓰 쉬
- **한국어 음독:** 적후사속
- **해석 및 배경:** 정실 소생의 자손이 대를 잇다. 정실부인(嫡后)의 자손(嗣)이 가업을 이어(续) 간다는 뜻입니다. 가문의 계승과 후손의 중요성을 나타냅니다.

218. 祭祀蒸尝

- **중국어 병음:** jì sì zhēng cháng
- **병음 한글화:** 지 쓰 전 창
- **한국어 음독:** 제사증상
- **해석 및 배경:** 사계절 제사를 지내다. 조상에게 지내는 제사(祭祀) 중 봄 제사인 상(嘗)과 겨울 제사인 증(蒸)을 포함하여 사계절 제사를 모두 이르는 말입니다. 조상 숭배의 중요성을 강조합니다.

219. 稽顙再拜

- **중국어 병음:** jī sǎng zài bài
- **병음 한글화:** 지 쌍 짜이 빠이
- **한국어 음독:** 계상재배
- **해석 및 배경:** 머리를 조아려 다시 절하다. 머리(顙)를 땅에 대고(稽) 두 번(再) 절(拜)하는 최상급의 공경하는 예를 의미합니다. 최고의 존경과 경외심을 표현합니다.

220. 悚惧恐惶

- **중국어 병음:** sǒng jù kǒng huáng
- **병음 한글화:** 쑹 쥐 콩 황
- **한국어 음독:** 송구공황
- **해석 및 배경:** 두려워하고 황송하여 공포스럽다. 몹시 두려워하고(悚惧) 공포스러워(恐惶)하는 마음을 나타냅니다. 위엄 있는 대상을 향한 경외감을 표현합니다.

221. 笺牒简要

- **중국어 병음:** jiān dié jiǎn yào
- **병음 한글화:** 지엔 디에 지엔 야오
- **한국어 음독:** 전첩간요
- **해석 및 배경:** 편지는 간결하고 요긴하다. 편지(笺牒)의 내용이 간결하고(简) 핵심적이어야(要) 함을 의미합니다. 글쓰기의 효율성과 정확성을 강조합니다.

222. 顾答审详

- **중국어 병음:** gù dá shěn xiáng
- **병음 한글화:** 꾸 다 선 시앙
- **한국어 음독:** 고답심상
- **해석 및 배경:** 대답은 신중하고 자세해야 한다. 돌아보고(顾) 대답(答)할 때는 신중하고(审) 상세해야(详) 함을 의미합니다. 대화의 신중함과 정확성을 강조합니다.

223. 骸垢想浴

- **중국어 병음:** hái gòu xiǎng yù
- **병음 한글화:** 하이 고우 시앙 위
- **한국어 음독:** 해구상욕
- **해석 및 배경:** 몸에 때가 끼면 목욕을 생각한다. 몸(骸)에 때(垢)가 끼면 목욕(浴)하기를 생각하듯(想), 몸의 청결을 중요하게 여김을 나타냅니다.

224. 执热愿凉

- **중국어 병음:** zhí rè yuàn liáng
- **병음 한글화:** 즈 러 위엔 리앙
- **한국어 음독:** 집열원량
- **해석 및 배경:** 뜨거운 것을 잡으면 시원하기를 바란다. 뜨거운 것(热)을 잡고 있으면(执) 시원해지기를(凉) 바라는(愿) 마음을 의미합니다. 고통에서 벗어나 편안해지고자 하는 인간의 본성을 나타냅니다.

225. 驴骡犊特

- **중국어 병음:** lǘ luó dú tè
- **병음 한글화:** 뤼 루오 두 터
- **한국어 음독:** 여라독특
- **해석 및 배경:** 당나귀, 노새, 송아지, 수소. 여러 가축들을 나열한 것입니다. 농경 사회에서 중요하게 여겨지던 가축들의 종류를 의미합니다.

226. 骇跃超骧

- **중국어 병음:** hài yuè chāo xiāng
- **병음 한글화:** 하이 위에 차오 시앙
- **한국어 음독:** 해약초양
- **해석 및 배경:** 놀라 뛰고 날아오르며 달리다. 놀라서(骇) 뛰고(跃), 뛰어오르며(超) 달리는(骧) 역동적인 움직임을 묘사합니다. 가축들의 활발한 모습입니다.

227. 诛斩贼盗

- **중국어 병음:** zhū zhǎn zéi dào
- **병음 한글화:** 주 잔 쩌이 따오
- **한국어 음독:** 주참적도
- **해석 및 배경:** 도적과 강도를 주벌하여 베다. 도적(贼)과 강도(盜)들을 주벌하여(诛斩) 단호히 처단하는 것을 의미합니다. 사회 질서 유지와 범죄 척결의 중요성을 강조합니다.

228. 捕获叛亡

- **중국어 병음:** bǔ huò pàn wáng
- **병음 한글화:** 뿌 후오 판 왕
- **한국어 음독:** 포획반망
- **해석 및 배경:** 배반하고 도망친 자를 사로잡다. 나라를 배반하고(叛) 도망친(亡) 자들을 체포하고(捕获) 사로잡는 것을 의미합니다. 법과 질서의 준수를 강조합니다.

229. 布射僚丸

- **중국어 병음:** bù shè liáo wán
- **병음 한글화:** 뿌 서 리아오 완
- **한국어 음독:** 포사료환
- **해석 및 배경:** 포자가 활을 쏘고 장량이 공을 던졌다. 여포(呂布)가 활을 잘 쏘고, 유수(劉璹)의 아들인 장량(僚)이 구슬을 던져 명중시켰다는 고사입니다. 뛰어난 기예와 재능을 나타냅니다.

230. 嵇琴阮嘯

- **중국어 병음:** jī qín ruǎn xiào
- **병음 한글화:** 지 친 루안 시아오
- **한국어 음독:** 혜금완소
- **해석 및 배경:** 혜강(嵇康)은 거문고를 타고 완적(阮籍)은 휘파람을 불었다. 위진(魏晉) 시대의 유명한 죽림칠현(竹林七賢)인 혜강(嵇康)이 거문고(琴)를 잘 타며, 완적(阮籍)이 휘파람(嘯)을 잘 불었던 고사입니다. 풍류와 예술적 재능을 상징합니다.

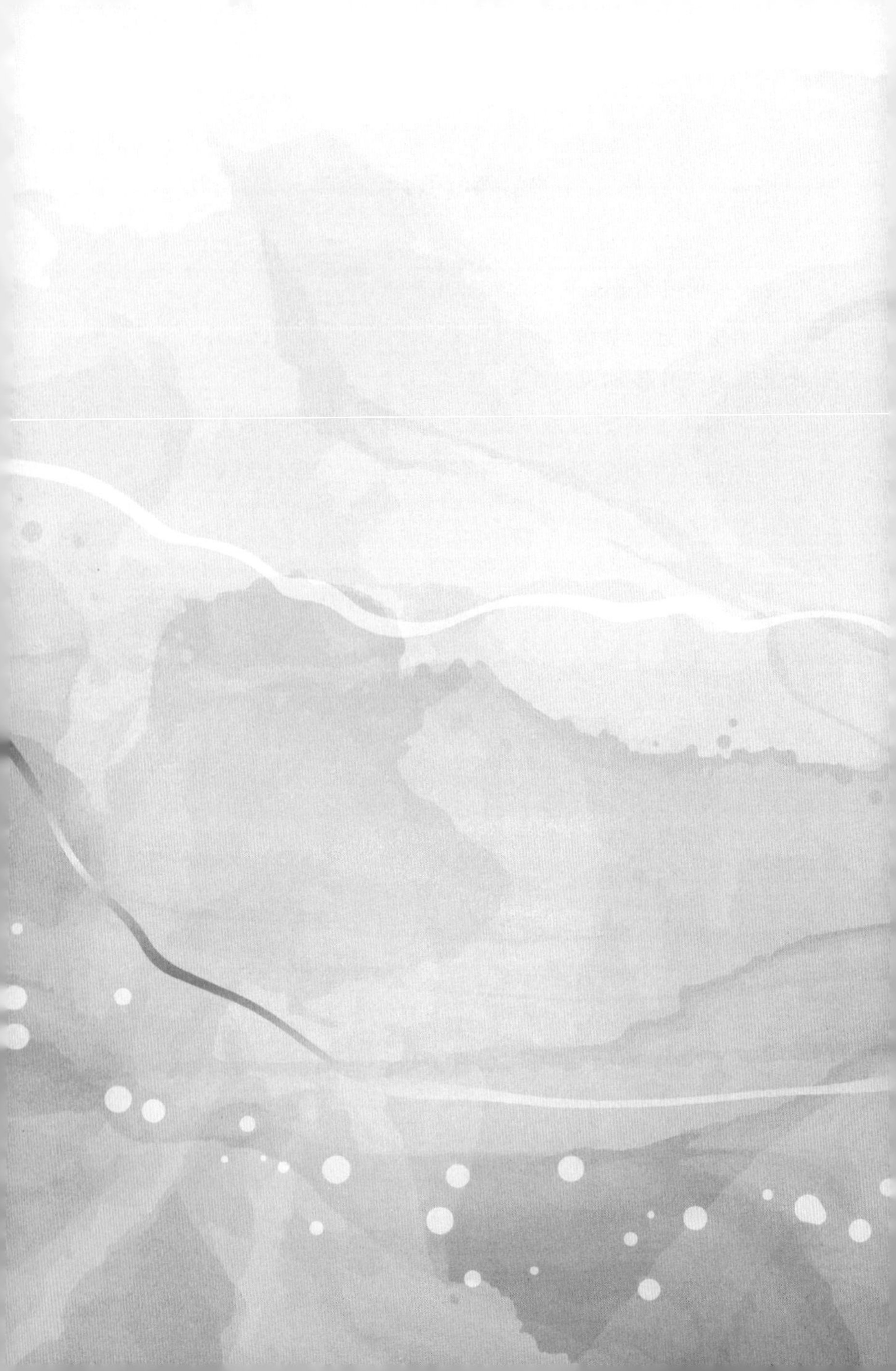

06

자아성찰, 배움의 자세, 그리고 언어의 정리

自我反思、学习态度与语言整理

231. 恬笔伦纸

- **중국어 병음:** tián bǐ lún zhǐ
- **병음 한글화:** 티엔 삐 룬 즈
- **한국어 음독:** 염필륜지
- **해석 및 배경:** 몽염(蒙恬)의 붓과 채륜(蔡倫)의 종이. 진(秦)나라 몽염(蒙恬)이 붓(笔)을 개량하고, 한(漢)나라 채륜(蔡倫)이 종이(纸)를 발명한 것을 의미합니다. 문명의 발전에 기여한 인물과 기술을 기립니다.

232. 钧巧任钓

- **중국어 병음:** jūn qiǎo rèn diào
- **병음 한글화:** 쥔 치아오 런 띠아오
- **한국어 음독:** 균교임조
- **해석 및 배경:** 마균(馬鈞)의 교묘함과 임공(任光)의 낚시. 삼국시대 마균(馬鈞)의 뛰어난 기술과 한(漢)나라 임공(任光)이 낚시를 잘했던 것을 의미합니다. 다양한 분야의 재능을 나타냅니다.

233. 释纷利俗

- **중국어 병음:** shì fēn lì sú
- **병음 한글화:** 스 펀 리 쑤
- **한국어 음독:** 석분리속
- **해석 및 배경:** 복잡한 것을 풀어 풍속을 이롭게 한다. 복잡한 문제(纷)를 해결하여(释) 백성의 풍속(俗)을 이롭게(利) 함을 의미합니다. 지혜롭고 현명한 통치를 찬양합니다.

234. 并皆佳妙

- **중국어 병음:** bìng jiē jiā miào
- **병음 한글화:** 삥 지에 지아 먀오
- **한국어 음독:** 병개가묘
- **해석 및 배경:** 모두 다 아름답고 오묘하다. 위에서 언급된 모든 인물들의 재능과 업적들이 모두(并皆) 아름답고(佳) 오묘하다(妙)는 찬사입니다.

235. 毛施淑姿

- **중국어 병음:** máo shī shū zī
- **병음 한글화:** 마오 스 슈 쯔
- **한국어 음독:** 모시숙자
- **해석 및 배경:** 모장(毛嬙)과 서시(西施)의 단아한 자태. 중국 고대의 미인 모장(毛嬙)과 서시(西施)의 단아하고(淑) 아름다운 모습(姿)을 의미합니다. 빼어난 미인을 찬양합니다.

236. 工顰妍笑

- **중국어 병음:** gōng pín yán xiào
- **병음 한글화:** 공 핀 이엔 시아오
- **한국어 음독:** 공빈연소
- **해석 및 배경:** 찡그림과 고운 미소. 교묘하게(工) 찡그리는(顰) 모습이나 아름답게(妍) 웃는(笑) 모습 모두 아름답다는 뜻입니다. 미인의 다양한 표정의 아름다움을 묘사합니다.

237. 年矢每催

- **중국어 병음:** nián shǐ měi cuī
- **병음 한글화:** 니엔 스 메이 추이
- **한국어 음독:** 년시매최
- **해석 및 배경:** 세월은 화살처럼 재촉한다. 세월(年)은 화살(矢)처럼 매번(每) 빠르게 흐르며(催) 인간을 재촉함을 의미합니다. 시간의 덧없음을 강조합니다.

238. 曦晖朗曜

- **중국어 병음:** xī huī lǎng yào
- **병음 한글화:** 시 후이 랑 야오
- **한국어 음독:** 희휘랑요
- **해석 및 배경:** 햇살이 밝게 빛난다. 태양의 밝은 빛(曦晖)이 환하게(朗) 비추는(曜) 모습을 묘사합니다. 자연의 빛과 밝음을 나타냅니다.

239. 璇玑悬斡

- **중국어 병음:** xuán jī xuán wò
- **병음 한글화:** 쉬엔 지 쉬엔 워
- **한국어 음독:** 선기현알
- **해석 및 배경:** 선기(璇璣)가 걸려 회전한다. '선기(璇玑)'는 북두칠성을 이루는 별의 한 부분이자 고대 천문 관측 기구의 이름입니다. 천체가 하늘에 걸려(悬) 회전(斡)하는 모습을 묘사합니다. 우주의 운행을 상징합니다.

240. 晦魄环照

- **중국어 병음:** huì pò huán zhào
- **병음 한글화:** 후이 포 환 짜오
- **한국어 음독:** 회백환조
- **해석 및 배경:** 그믐달이 둥글게 비춘다. '회백(晦魄)'은 그믐달을 의미합니다. 그믐달이 둥글게(环) 비추는(照) 모습을 묘사합니다. 달의 움직임과 자연의 현상입니다.

241. 指薪修祜

- **중국어 병음:** zhǐ xīn xiū hù
- **병음 한글화:** 즈 신 시우 후
- **한국어 음독:** 지신수우
- **해석 및 배경:** 땔감을 모아 복을 닦는다. 땔감(薪)을 모아(指) 복(祜)을 닦듯이(修), 노력하고 덕을 쌓아 복을 구해야 한다는 뜻입니다.

242. 永绥吉劭

- **중국어 병음:** yǒng suí jí shào
- **병음 한글화:** 용 쑤이 지 샤오
- **한국어 음독:** 영수길소
- **해석 및 배경:** 영원히 편안하고 길하며 아름답다. 영원히(永) 편안하고(绥), 길하며(吉) 아름다움(劭)을 누리기를 바라는 축복의 말입니다.

243. 矩步引领

- **중국어 병음:** jǔ bù yǐn lǐng
- **병음 한글화:** 쥐 뿌 인 링
- **한국어 음독:** 구보인령
- **해석 및 배경:** 법도에 맞는 걸음걸이로 고개를 든다. 법도(矩)에 맞는 걸음(步)으로 고개를 들어(引领) 나아가는 모습을 묘사합니다. 품위 있는 태도와 자세를 강조합니다.

244. 俯仰廊庙

- **중국어 병음:** fǔ yǎng láng miào
- **병음 한글화:** 푸 양 랑 먀오
- **한국어 음독:** 부앙랑묘
- **해석 및 배경:** 고개를 숙이고 쳐다보는 곳은 조정이다. 고개(头)를 숙였다(俯) 들었다(仰) 하는 곳이 조정(廊庙)이라는 뜻입니다. 조정에서 일하는 관리의 경건하고 신중한 자세를 나타냅니다.

245. 束带矜庄

· **중국어 병음:** shù dài jīn zhuāng

· **병음 한글화:** 슈 따이 진 쭈앙

· **한국어 음독:** 속대긍장

· **해석 및 배경:** 허리띠를 매고 위엄 있고 단정하다. 허리띠(带)를 동여매고(束) 위엄 있고(矜) 단정하게(庄) 서 있는 모습입니다. 예의 바른 태도와 진중한 자세를 강조합니다.

246. 徘徊瞻眺

· **중국어 병음:** pái huái zhān tiào

· **병음 한글화:** 파이 화이 잔 티아오

· **한국어 음독:** 배회첨조

· **해석 및 배경:** 배회하며 멀리 바라본다. 이리저리 거닐며(徘徊) 멀리(眺) 바라보는(瞻) 모습입니다. 사색하며 주변을 관찰하는 태도를 나타냅니다.

247. 孤陋寡闻

- **중국어 병음:** gū lòu guǎ wén
- **병음 한글화:** 꾸 로우 꾸아 원
- **한국어 음독:** 고루과문
- **해석 및 배경:** 견문이 좁고 지식이 적다. 배움이 짧고(孤陋) 들은 것이 적어(寡闻) 견문이 좁다는 뜻입니다. 지식과 경험의 부족함을 스스로 경계하는 표현입니다.

248. 愚蒙等诮

- **중국어 병음:** yú méng děng qiào
- **병음 한글화:** 위 멍 뜽 치아오
- **한국어 음독:** 우몽등초
- **해석 및 배경:** 어리석고 무지하여 남에게 비웃음을 산다. 어리석고(愚) 무지하여(蒙) 남에게 같은(等) 비웃음(诮)을 살 수 있다는 의미입니다. 겸손함과 배움의 자세를 강조합니다.

249. 谓语助者

- **중국어 병음:** wèi yǔ zhù zhě
- **병음 한글화:** 웨이 위 주 저
- **한국어 음독:** 위어조자
- **해석 및 배경:** 말은 돕는 것이라고 말한다. '말(语)'은 사람의 대화에 도움을 주는 역할(助)을 한다(谓)는 뜻입니다. 언어의 기본적인 기능을 설명합니다.

250. 焉哉乎也

- **중국어 병음:** yān zāi hū yě
- **병음 한글화:** 이엔 짜이 후 예
- **한국어 음독:** 언재호야
- **해석 및 배경:** 어조사 어, 재, 호, 야. 문장의 끝을 장식하는 대표적인 어조사(語助詞)들을 나열한 것입니다. 천자문의 마지막 구절로, 글자를 모두 익혔음을 나타내며 글 전체를 마무리하는 상징적인 의미를 가집니다.

간체 천자문 일람

天地玄黄 宇宙洪荒 日月盈昃 辰宿列张

寒来暑往 秋收冬藏 闰馀成岁 律吕调阳

云腾致雨 露结为霜 金生丽水 玉出昆冈

剑号巨阙 珠称夜光 果珍李柰 菜重芥姜

海咸河淡 鳞潜羽翔 龙师火帝 鸟官人皇

始制文字 乃服衣裳 推位让国 有虞陶唐

吊民伐罪 周发殷汤 坐朝问道 垂拱平章

爱育黎首 臣伏戎羌 遐迩壹体 率宾归王

鸣凤在竹 白驹食场 化被草木 赖及万方

盖此身发 四大五常 恭惟鞠养 岂敢毁伤

女慕贞洁 男效才良 知过必改 得能莫忘

罔谈彼短 靡恃己长 信使可覆 器欲难量

墨悲丝染 诗赞羔羊 景行维贤 克念作圣

德建名立 形端表正 空谷传声 虚堂习听

祸因恶积 福缘善庆 尺璧非宝 寸阴是竞

资父事君 曰严与敬 孝当竭力 忠则尽命

临深履薄 夙兴温凊 似兰斯馨 如松之盛

川流不息 渊澄取映 容止若思 言辞安定

笃初诚美 慎终宜令 荣业所基 籍甚无竟

学优登仕 摄职从政 存以甘棠 去而益咏

乐殊贵贱 礼别尊卑 上和下睦 夫唱妇随

外受傅训 入奉母仪 诸姑伯叔 犹子比儿

孔怀兄弟 同气连枝 交友投分 切磨箴规

仁慈隐恻 造次弗离 节义廉退 颠沛匪亏

性静情逸 心动神疲 守真志满 逐物意移

坚持雅操 好爵自縻 都邑华夏 东西二京

背邙面洛 浮渭据泾 宫殿盘郁 楼观飞惊

图写禽兽 画彩仙灵 丙舍傍启 甲帐对楹

肆筵设席 鼓瑟吹笙 升阶纳陛 弁转疑星

右通广内 左达承明 既集坟典 亦聚群英

杜稿钟隶 漆书壁经 府罗将相 路侠槐卿

户封八县 家给千兵 高冠陪辇 驱毂振缨

世禄侈富 车驾肥轻 策功茂实 勒碑刻铭

番溪伊尹 佐时阿衡 奄宅曲阜 微旦孰营

桓公匡合 济弱扶倾 绮回汉惠 说感武丁

俊义密勿 多士实宁 晋楚更霸 赵魏困横

假途灭虢 践土会盟 何遵约法 韩弊烦刑

起翦颇牧 用军最精 宣威沙漠 驰誉丹青

九州禹迹 百郡秦并 岳宗泰岱 禅主云亭

雁门紫塞 鸡田赤城 昆池碣石 巨野洞庭

旷远绵邈 岩岫杳冥 治本于农 务兹稼穑

叔载南亩 我艺黍稷 税熟贡新 劝赏黜陟
孟轲敦素 史鱼秉直 庶几中庸 劳谦谨敕
聆音察理 鉴貌辨色 贻厥嘉猷 勉其祗植
省躬讥诫 宠增抗极 殆辱近耻 林皋幸即
两疏见机 解组谁逼 索居闲处 沉默寂寥
求古寻论 散虑逍遥 欣奏累遣 戚谢欢招
渠荷的历 园莽抽条 枇杷晚翠 梧桐蚤凋
陈根委翳 落叶飘摇 游昆独运 凌摩绛霄
耽读玩市 寓目囊箱 易輶攸畏 属耳垣墙
具膳餐饭 适口充肠 饱饫烹宰 饥厌糟糠
亲戚故旧 老少异粮 妾御绩纺 侍巾帷房
纨扇圆洁 银烛炜煌 昼眠夕寐 蓝笋象床
弦歌酒宴 接杯举觞 矫手顿足 悦豫且康
嫡后嗣续 祭祀蒸尝 稽颡再拜 悚惧恐惶
笺牒简要 顾答审详 骸垢想浴 执热愿凉
驴骡犊特 骇跃超骧 诛斩贼盗 捕获叛亡
布射僚丸 嵇琴阮啸 恬笔伦纸 钧巧任钓
释纷利俗 并皆佳妙 毛施淑姿 工颦妍笑
年矢每催 曦晖朗曜 璇玑悬斡 晦魄环照
指薪修祜 永绥吉劭 矩步引领 俯仰廊庙
束带矜庄 徘徊瞻眺 孤陋寡闻 愚蒙等诮
谓语助者 焉哉乎也